• 鄭駬謨敎授指導 博士學位 論文 13 •

온라인 환경에서의
한국편목규칙 기술부에
관한 연구

• 鄭馹謨教授指導 博士學位 論文 13 •

온라인 환경에서의
한국편목규칙 기술부에
관한 연구

이명규 著

 한국학술정보[주]

목 차

緒 論

목록의 기술방식을 국제적으로 표준화하기 위한 명실상부한 국제
표준의 편목규칙은 1978년에 개정된 영미면목규칙 제2판(Anglo-
American Cataloguing Rules, 2nd edition: 이하 AACR2로 통용함)
에서부터 비롯된다고 볼 수 있다. 이 규칙은 국제도서관협회연맹(이
하 IFLA로 통용함)에서 서지기술법에 대한 국제 표준화 계획을 수
립하고 이를 수행한 결과로서 국제표준서지기술법(International Sta-
ndard Bibliographic Description: ISBD(M)이 1974년에 완성됨에 따
라, 이를 기초로 하여 AACR을 개정해서 새로 편찬된 것이기 때문
이다. 이 규칙은 그 동안 MARC와 OPAC 환경에 부적합한 내용을
부분적으로 보완하여 1988년에 AACR2R로 개정된 바 있는데, 현재
로서는 이것이 목록기술에 있어서 표목부와 기술부가 모두 국제적으
로 표준화된 대표적인 편목규칙이라고 말할 수 있다.

우리나라의 경우는, 1983년에 편찬된 한국목록규칙 3판(이하 KCR3
으로 통용함)이 기술부에 관한한 국제적인 표준에 따른 규칙이라고 볼
수 있다. 이것은 국제표준서지기술법(이하 ISBD로 통용함)이 완성된
이후에 그 원칙에 따라 편찬되었기 때문이다. 그러나, KCR3은
ISBD(M)[1]에 따라 단행본에 대한 일반규칙만을 다루고 있을 뿐 표목
부에 대한 규칙과 지도자료, 필사본, 음악자료, 영상자료, 그래픽자료,
고서, 비도서자료 등에 대한 특수규칙이 누락되어 있다.

---

1) International Federation of Library Association. ISBD(M): *International
   Standard Bibliographic Description for Monographic Publications*. 1st
   Standard ed., London, 1974.

한편, 1960년대에 시작된 목록의 자동화시스템은 기본적으로 카드목록의 환경에서 카드생산을 위한 기계가독편목법이었다고 말할 수 있다. 그러나 그 동안 컴퓨터기술과 전자통신기술의 발전에 따라, 1980년대부터 목록의 데이터를 자관 내에서나 자국 내에서 뿐만 아니라 국제적으로도 온라인으로 상호 교류할 수 있게 되었다.

이와 같이, 도서관목록의 자동화가 카드목록의 생산을 위한 기계가독편목법에서 온라인 일람목록의 환경으로 변환됨에 따라, 현재까지 국제적으로 표준화된 편목규칙으로 인정받아 왔던 AACR2R과 이를 자동화프로그램으로 변환시키는 MARC에 있어서 부분적으로 불합리한 점이 발견된 것이다.

그리하여 근년에는 AACR2R과 MARC에 대한 비판의 소리가 높아지고, 이들에 대한 갱신이 필요하다는 주장이 제기되고 있다. 그러나 이에 대한 구체적인 개선방안은 아직 제시되지 않고 있다. 또한, 국내에서도 KCR3과 KORMARC기술규칙이 이원화되어 있어 표준화를 이루지 못하고 있다.

이러한 점에서 본 연구의 목적은 현재의 KCR3을 온라인 환경에 부합하는 합리적인 편목규칙으로 갱신하기 위한 기초자료를 제공하고자 하는 것이다. 그리하여 편목규칙의 편찬에 있어서 실제적이며 구체적인 방안을 제시하는 동시에, 이와 같이 제시된 개선 방안에 대하여 필요한 부분에서는 그 타당성을 입증하고자 한다.

한편, 편목규칙은 모든 자료에 공통적으로 적용되는 일반규칙과 자료의 유형에 따라 각각 부분적으로 다르게 적용되는 특수규칙으로 대변되고, 또한 크게 기술부와 표목부로 구분되는데, 본 연구에서는 다만 단행본의 기술부에 대한 일반규칙에만 한정하고자 한다. 그리하여 표목부에 대한 규칙과 지도자료, 음악자료, 녹음자료, 영상자료, 그래픽자료, 고서, 비도서자료 등의 특수자료에 대한 기술규칙은 차후의 과제로 미루고자 한다.

이상과 같은 연구목적을 달성하기 위하여 다음과 같은 절차와 방법에 따라 연구를 수행하고자 한다.

첫째, ISBD(M)이 제정된 시기를 기점으로 AACR2R과 KCR3의 변천 과정을 살펴보고, AACR2R과 KORMARC기술규칙을 비교 분석 한다.

둘째, 현재까지 문헌상에 나타난 AACR2R과 MARC에 대한 비판과 갱신을 위한 주장을 분석하여 앞으로 온라인 환경에 부합하는 목록기술에 있어서의 국제표준화 방향을 파악한다.

셋째, 현재의 AACR2R과 KCR3에 있어서의 일반규칙을 각각 분석하여 온라인 환경에 있어서 기술부의 문제점을 밝힘과 동시에 이에 대한 개선 방안을 제시한다.

넷째, 국내의 온라인 목록중 일부 시스템에서 단행본에 대한 상세 서지정보를 웹(Web)에서 출력하여 기술형식을 비교 분석한다. 그리고 이상에서 제시된 문제점에 대하여 편목자들의 견해와 이용자들의 견해를 설문 조사하고, SAS 통계패키지를 이용하여 그 타당성 여부를 검증한다.

다섯째, 이상에서 조사하고 분석된 결과를 토대로 하여 온라인환경에 부합하는 새로운 편목규칙의 기술부에 대한 편찬 방안을 제시한다.

I. AACR2R과 KCR3에 있어서 기술부의 변천

이 장에서는 IFLA의 세계서지통정(UBC)계획을 수행하기 위한 ISBD의 제정 및 이에 따라 AACR2가 출현되고 이 규칙을 국제적으로 표준화하기 위해서 노력한 배경과 KCR3과 KORMARC기술규칙의 변천 과정을 살펴 보고, AACR2R과 KORMARC기술규칙을 비교 분석해 보고자 한다.

A. AACR2R

1. ISBD와 AACR2

IFLA는 세계서지통정(Universal Bibliographic Control: UBC)을 위한 장기적인 계획을 수행하기 위해서 서지기술법을 국제적으로 표준화할 계획을 수립하고, 1969년에 코펜하겐에서 국제편목전문가회의(International Meeting of Cataloguing Experts: IMCE)를 개최하였다.[2] 이 회의에서 대영도서관의 Michael Gorman이 2년여에 걸친 연구결과[3]를 제시하여 "목록레코드의 기술내용을 위한 국제적인 표

---

2) Dorothy Anderson. IFLA's programme of ISBDs. *Unesco Bulletin for Libraries*, Vol.XXXII, No.3, May-June, 1978. p. 144.

3) Rosamond Kerr and Tom C. Clarke. The development of the International Standard Bibliographic Description(ISBD) and some problems for non-roman scripts. *Unesco Bulletin for Libraries*, Vol.XXXI. No.4,

준을 정립할 수 있는 가능성"을 심의하여 가능한 한 목록과 서지에 이용될 수 있는 "서지기술을 위한 골격"을 제정하기로 합의하였다.4) 그리고 "모든 출판물의 표준적인 서지기술법을 제정하고 이 기술법이 각국의 국가기관에 의해 인준되도록 하고, 이에 관한 국가정보교환제도를 창설하기 위한 적극적인 협력이 경주되어야 하며, 이 제도의 효용성 여부는 서지기술법의 형식과 내용을 최대한으로 표준화하는데 달려 있다"5)는 결의문을 작성하였다.

이어서 Jack Wells를 위원장으로 하는 실무위원단을 구성하고, 서지사항의 구분과 기재순서의 결정 등의 계속적인 작업을 수행하여 1971년 12월에 ISBD초안을 출간하였다.6)

이 ISBD초안은 각국의 서지기관과 목록작성기관에 발송되어 그들의 의견을 수렴하고, 1973년 8월에 그레노블에서 개최된 개정회의에서 이를 다시 검토하고 수정을 가해서 1974년 국제표준서지기술법 –단행본용(ISBD(M))의 제1표준판(first standard edition)이 발행되었다.

"ISBD(M)의 목적은 단행본–즉 비연속간행물–의 서지기술에 있어서 기술사항의 표시방법에 대해서 국제적으로 수락될 수 있는 골격을 정하는 데 있다. 이는 다음과 같은 출판물들의 효과적인 국제적 유통을 위한 세가지 요구를 충족시키고자 의도된 것이다. 첫째, 한 국가내에서 작성한 서지기술이나 한 언어를 사용하는 이용자가 작성한 서지기록이 다른 국가에서 또는 다른 언어를 사용하는 이용자에 의하여 쉽게 이용될 수 있게 하는 것이고, 둘째, 각국에서 작성한 서지기록들이 여러 종류의 목록과 파일속에 통합될 수 있게 하기 위한 것이며,

July-August, 1977. p. 211.
4) Dorothy Anderson, op. cit. p. 144.
5) Report of the International Meeting of Cataloguing Experts, Copenhagen, 1969. *Libri*, Vol.20, No.1, 1970. p. 115~116.
6) Dorothy Anderson. IFLA's programme of ISBDs. *Unesco Bulletin for Libraries*, Vol.XXXII, No.3, May-June, 1978. p, 145.

셋째, 필사되었거나 인쇄된 서지기록이 최소한의 편집을 거쳐서 기계 가독의 형식으로 전환될 수 있게 하기 위한 것이다"7)

ISBD(M)의 가장 큰 특징은 표목과 기술부를 완전히 분리 기술하도록 하고, 서명 다음에 반드시 저자표시를 해주도록 규정함에 따라서 기술부만으로도 완전한 서지정보가 갖추어진 저록을 이룰 수 있도록 한 점과, 혁신적인 구두점을 채택한 점이다. 또한 기술부를 서명저자표시사항, 판사항, 발행사항, 형태사항, 총서사항, 주기사항, 국제표준도서번호(ISBN) 장정 가격사항 등의 7개 사항으로 구분하고 있는 점이다.8) 그러나, KCR3에 나타나 있는 문단바꿈과 기선(Indention) 등에 관해서는 규정하고 있지 않다.

ISBD(M)에 곧이어서 1974년에 연속간행물에 대한 서지기술법을 규정한 ISBD(S)의 예비판이 간행되고, 1975년에는 비도서자료의 서지기술법인 ISBD(NBM)이 발간되었다.9) 그리고 IFLA의 ISBD실무위원단과 AACR의 개정을 위한 합동조정위원회(Joint Steering Committee for the Revision of the Anglo-American Cataloging Rules: JSCAACR)는 1975년 파리에서 개최된 회의를 통해서 모든 ISBDs의 개발을 통제하기 위한 일반적인 골격을 확립하고, 1977년에는 연속간행물에 대한 서지기술법을 규정한 ISBD(S) 표준판과 지도자료용(ISBD(CM))을 간행하였으며, 1978년에는 드디어 ISBD계획을 조화시킬 수 있는 골격의 주석판(annotated text)인 ISBD(G)를 간행하

---

7) International Federation of Library Association. ISBD(M): *International Standard Bibliographic Description for Monographic Publications*. 1st Standard ed., London, 1974. p. vii.

8) George M. Sinkankas and Jay F. Daily. International Cataloging and International Standard Bibliographic Description. In: *Encyclopedia of Library and Information Science*, Vol.12. New York, Mercel Dekker, 1974. pp. 279~280.

9) Michael Gorman. International Standard Bibliographical Description and the New ISBDs. *Journal of Librarianship*, Vol.10, No.2, 1978. pp. 133~134.

였다.10)

ISBD(G)는 ISBD(M)의 7개 기술사항에 세부사항(자료 또는 출판
물의 형태)을 추가하여 기술부를 8개 사항으로 구분하였고, 모든
ISBD에 적용될 수 있는 기본적인 골격만을 규정하므로서 AACR을
개정하는데 가장 큰 영향을 미치게하여 기술부의 底本으로 사용되었
으며,11) 다양한 ISBD는 필수적인 데이터 요소와 선택적인 데이터
요소를 규정하고 그 내용을 이해하는데 필요한 언어능력이 없어도
각 데이터 요소의 특성을 가능한 한 인식할 수 있는 방식으로 서지
레코드를 만들었다.12) 따라서 세계서지통정에 크게 기여하게 되었다.

한편, 1974년 ISBD(M)의 표준판이 발행됨으로서 세계서지통정이
현실화되자 AACR도 개정하지 않으면 안 되게 되었다. 따라서
AACR은 전반적인 개정에 앞서 우선 1974년 이 규칙의 기술부문에
대한 개정판13)을 출간하였다. 이 규칙은 ISBD(M)을 적용하였고, 단
행본에 대한 서지기술의 내용을 담은 AACR 제6장을 개정해서
1974년 ALA의 연례회의 때 발표하여 즉시 베스트셀러가 되었다.14)

또한, 1974년에는 영국, 미국, 캐나다 등 3국의 대표자회의에서,

---

10) Rosamond Kerr and T.C. Clarke. The development of the International
    Standard Bibliographic Description(ISBD) and some problems for non-
    roman scripts. *Unesco Bulletin for Libraries*, Vol.XXXI, No.4, July-August,
    1977. p. 212.
11) 鄭馸謨. 目錄組織論. 改訂增補版. 서울, 九美貿易出版部, 1993. p. 50.
12) Robert P. Holley. IFLA and International Standard in the Area of
    Bibliographic Control. *Cataloging & Classification Quarterly*, Vol.21,
    No.3/4, 1996, p. 26.
13) American Library Association. *Anglo-American Cataloging Rules, North
    American Text*. "Chapter 6 Separately Published Monographs"
    Incorporation Chapter 9, "Photographic and Other Reproductions", and
    revised or Accord with the International Standard Bibliographic
    Description(Monographs), Chicago, ALA, 1974.
14) D. Whitney Coe. A Cataloger's Guide to AACR Chapter 6, Separately
    Published Monographe, 1974. *Library Resources & Technical Services*,
    Vol.19, No.2, Spring, 1975. p. 101

AACR의 영국판과 북미판을 조정하고, 1967년판이 출판된 이래 수용된 개정규칙을 통합시킬 수 있는 신관에 대한 가능성을 협의하여, AACR의 개정을 위한 합동조정위원회(이하 JSCAACR로 통용함)를 구성하고, 다음과 같은 목적으로 AACR을 개정하기로 합의하였다.

1. 1967년의 북미판과 영국판을 단일판으로 조정할 것.
2. 이전의 기구하에서 수행되어 왔거나 이미 합의된 변경사항과 모든 수정사항을 단일판으로 통합할 것.
3. ALA LA LC, CLA간에 현재 토의되고 있는 모든 수정신청안과 이들 기관이나 대영도서관에 의해 제기된 새로운 제안과 기타 AACR을 사용하고 있는 국가들의 국가의원회의 어느 제안이라도 AACR내에 포함할 수 있도록 고려할 것.
4 미국, 영국, 캐나다 이외의 국가에서 이 규칙의 사용을 촉진시킴으로써 AACR로 인해서 국제적인 이익을 도모할 것.15)

　　JSCAACR은 1975년 1월부터 면집작업을 시작하였다. 한편 1975년 10월에 파리에서 개최된 JSCAACR과 기존의 ISBD실무위원회의 실무진으로 구성된 IFLA위원회간의 첫 번째 회합에서, ISBD(G)로 알려진 "일반적인 골격"의 이행에 관한 실질적인 합의가 이루어지므로서 AACR2의 제1부는 ISBD(G)의 골격에 기초를 두도록 결정되었다.16)
　　JSCAACR에 참가했던 3국은 각각 국가위원회의 후원을 얻어 AACR의 개정을 위한 많은 문제들을 제안하고 선별하고 평가해서 마침내 1977년 1월에 제1부의 초고판이 완성되고, 1977년 4월에 제2부의 초고판이 나왔으며, 이에 대한 모든 제안과 평가를 재검토하여 전판이 완성됨으로서 AACR2는 1978년에 간행되었다.

---

15) ALA. *Anglo-American Cataloguing Rules*. 2nd ed., Chicago, ALA, 1978. pp. ⅵ-ⅶ.
16) ALA. *Anglo-American Cataloguing Rules*. 2nd ed., Chicago, ALA, 1978. p. ⅷ.

AACR2의 규칙은 초판의 규칙을 발전적으로 통합시긴 것이며, 초판의 영국판과 북미판의 조정사항에 기초를 두고 있다. 이 규칙은 현재 대부분의 도서관과 서지작성기관에서 목록작성자가 수행하는 작업의 순서를 따르고 있다. 그러므로 AACR2의 구성체계는 제1부에서는 목록이 작성되는 대상자료에 대한 서지적 기술에 관한 규정을 다루고 있으며, 제2부에서는 기술원 정보를 목록이용자에게 제시해 주는 표목, 또는 목록에 있어서 접근점의 결정 및 이러한 표목에 대한 참조의 작성을 다루고 있다.

AACR2는 "제1부와 제2부 모두 일반사항에서 특수사항으로 진전된다. 제1부의 특수사항은 목록이 작성되는 대상자료의 물적매체, 각 기술요소에 있어서 요구되는 상세도, 별도로 된 여러 부분을 포함하는 대상자료의 분출과 관련되어 있다"17) 이와 같이 AACR2는 초판과 비교해 보면 제Ⅰ부가 제Ⅱ부로 도치되는 동시에 세부적인 구성체제도 전면적으로 개변되었다.

AACR2는 도서관계에서 폭넓게 조사되고, JSCAACR에 의해 합의되었지만, 공식기구의 승인과정을 거치지는 않았다.18) 그러나, AACR2는 현재 일반적으로 수집되고 있는 모든 도서관자료에 관한 기술과 표목을 다루고 있으며, 또한 이 규칙은 종합적으로 체계화되어 있기 때문에 특수한 모든 종류의 자료에 대한 목록을 작성하기 위한 근거로서 사용하기가 용이할 것이다. 그래서, 이 규칙은 서지기술 작성시 표준으로 적합하기 때문에 지금까지도 사라지지 않는 것이다.

2) AACR2R의 개정내용

AACR2는 그 개정작업이 1977년에 끝났고, 1978년에 발행되었다. 그

---

17) Ibid pp. 1~2.
18) Sally McCallum. What Makes a Standard? *Cataloging & Classification Quarterly*, Vol.21, No.3/4, 1996. p. 7.

러나 편목규칙은 변화하는 서지적 실체와 도서관의 요구에 순응해야 하
므로 그 개정작업은 정지될 수 없다는 사실을 인식하고, 제2판에 관여한
5개 기관은 그 텍스트가 완성된 이후에 새로운 협의에 들어갔다. 1977년
에 미국도서관협회(ALA), 대영도서관(BL), 캐나다도서관협회(CLA), 영
국도서관협회(LA) 그리고 미국의회도서관(LC)은 2년동안 AACR의 개
정을 위한 제2차 합동조정위원회(Joint Steering Committee: JSC)를 설
치하고,19) 이 합동조정위원회(이하 JSC로 통용함)에 대하여 다음과 같
은 사항을 위임하였다.

1) AACR2의 간략판의 편집자를 돕고, 이 책의 발행에 앞서 이에
   대한 간략판의 텍스트를 승인한다.
2) AACR2와 그 간략판의 이용과 판매를 사정하고, AACR2와 그
   간략판의 이용자가 그 규칙을 준용하거나 채택하는데 도움을 준
   다. 번역 허락을 받아내는데 필요한 도움을 준다.
3) 이 텍스트의 이용자의 반응에 따라 제2판과 그 간략판의 수정
   및 개정을 위한 요구에 대한 비평을 수용하고, 수정과 개정에 대
   한 안내서의 발행을 위해 협의된 계획표에 대하여 판권소유자로
   서 발행을 위해서 필요한 수정 및 개정을 준비한다.
4) AACR2의 계속적인 이용을 확대하고, 협의된 규칙 해석을 널리 알
   리기 위해서, 규칙해석에 대한 제안을 토의하기 위한 포럼을 개최
   한다.
5) 도서관자원에 관한 회의와 맺어진 자금 합의서에 따라 AACR2와
   관련한 활동을 규정짓고 제안한다.
6) 이러한 기관에서 수행한 면목분야의 국제표준에 대한 프로그램에
   AACR2의 이용자 관심을 촉진시키기 위해서 IFLA와 UBC사무
   소에 연락을 유지한다.20)

---

19) ALA *Anglo-American Cataloguing* Rules. Prepared under the direction of
    the Joint Steering Committee for Revision of AACR. 2nd ed., 1988
    revision. Chicago, ALA, 1988. p. xiii.
20) AACR2R. pp. xiii~xiv.

위임사항의 첫 번째와 관련한 업무는 Michael Gorman이 1981년에 저작한 AACR2 간략판을 발행한 것이다.

한편, 대부분의 JSC위원의 업무는 이 규칙을 갱신하는 것이었다. 이 개정판은 과거 10년 동안 JSC에서 처리했던 결정사항들을 통합한 것이다. 또한 분명한 오류를 바로잡고, 낱말을 이해하기 쉽도록 수정하였고, 부적절하다고 입증된 규칙을 변경시켰으며, 새로운 경우를 다루기 위한 규칙과 예시를 첨가하였다. 그러나, 이것은 새로운 판이 아니며, 기본개념을 변경하지 않았다.

여러 나라, 관종별 도서관에서 많은 목록작성자가 이 규칙을 이용하고, 다른 언어로 번역을 하는 과정에서 애매한 어법, 누락, 인쇄상의 오류가 나타났다. 그리하여 오류와 누락은 정정되었고, 어떤 규칙들은 다른 표현으로 나타내거나 재배열되었고, 어떤 규칙들은 적절한 참조가 주어졌다.

기술상의 변화는 규칙 개정판에 반영되었다. 예를 들면, 비디오디스크는 1978년에 이용된 그것과는 주요한 면에서 다르고, 마이크로컴퓨터 파일은 도서관 장서의 많은 부분을 차지하고 있다.

목록작성자들에게 알려줄 목적으로, 새로운 판의 규칙 개정판이 1982, 1983, 1985년에 각각 발행되었다. 이러한 개정사항들은 이번에 개정된 제2판 뿐만 아니라 1985년 이후에 JSC에 의해서 승인된 미발행 개정판에서도 발견된다.21)

이 개정판은 제9장에서, 필요에 따라 Ray Templeton과 Alan Poulterd와 같은 전문가의 도움을 받았고 특히 많은 시간이 소요되었다.22) AACR2R에 사용된 정보원은 1978년판 서문에 실려 있는 것과 동일하며, 제9장의 개정을 위한 주요한 인쇄자료는 다음과 같다.

---

21) AACR2R. p. xiv.
22) AACR2R. pp. xv~xvl.

Study of Cataloguing Computer Software: Applying AACR2 to Microcomputer Programs/Ray Templeton and Anita Witten.-[London]: British Library, c1984.-(Library and Information Research Report; 28).

Guidelines for Using AACR2 Chapter 9 for Cataloging Microcomputer Software/Committee on Cataloging: Description and Access, Cataloging and Classification Section, American Library Association.-Chicago: ALA, 1984.

B. KCR3과 KORMARC기술규칙

1. ISBD와 KCR3

1977년에 국제표준서지기술법(ISBD(G))이 완결되고, 이에 따라 세계적으로 목록기술법이 표준화되고 있기 때문에, 한국에 있어서도 국제적 표준에 따라 KCR2를 대폭적으로 개정하지 않을 수가 없었다. 그리하여 한국도서관협회에서는 KCR2를 개정하여 1983년에 KCR3을 발행하였으며, 1983년의 3판에 대한 오자와 탈자, 그리고 내용의 오류와 개변을 요하는 부분을 제3판의 지형을 별로 건드리지 않는 범위 내에서 교정하고 수정한 '3.1판'23)을 1990년에 발행하였다.

그러나, KCR2까지는 빈약하나마 '基本記入의 選定'(기본표목의 선정)과 '標目의 形式'에 관한 규정이 있었으나24) KCR3에서는 이를 수용하지 않고 다만 단행본에 대한 기술부만을 수록하고 말미에 짤

---

23) 韓國圖書館協會. 韓國目錄規則. 3.1版. 서울, 韓國圖書館協會, 1990.
24) 韓國圖書館協會. 韓國目錄規則. 修正版. 서울, 한국도서관협회, 1966. pp. 1~60.

막한 '標目올림指示'편을 붙여서 발행하였던 것이다. 그래서 KCR3
에는 표목의 선정과 그 형식에 관한 규정이 없다. 또한 KCR3은
ISBD(M)에 따라 단행본에 대한 일반기술규칙만을 다루고 있을뿐
지도자료, 필사본, 음악자료, 녹음자료, 영상자료, 그래픽자료, 컴퓨
터파일, 입체자료, 마이크로폼, 연속간행물, 고서 등에 대한 규정이
마련되어 있지 않다. 그러므로 KCR3은 포괄적인 편목규칙이 아니
라 다만 '단행본에 대한 일반기술규칙'이라고 말할 수 있다.

KCR3의 주요한 특징을 열거하면 다음과 같다.

1) 서지기술에 있어서 달라진 점은 구두법이 ISBD에 따라서 전면적
으로 개정되었다는 점이다.
2) 서지기술사항에 있어서 종래에는 단원저자의 저작의 경우 서명
다음에 저자명표시를 생략하도록 규정하고 있었으나, 이제는 단
원저자의 저작이라도 저자표시를 하도록 규정하고 있다.
3) 따라서 종래에는 기본저록의 표목과 서지적기술사항이 분리될 수
없었으나 이제는 표목과 서지기술사항이 서로 독립성을 가지게
된 것이다.

2. KORMARC기술규칙

세계서지통정과 자동화편목법을 목적으로 발행된 ISBD는 전 세계
적으로 파급되기에 이르렀으며, 이에 자극을 받아 우리나라에서도
국립중앙도서관을 중심으로 ISBD의 적용을 검토하게 되었다.

이에 따라 국립중앙도서관에서는 1980, 1981년에 'KORMARC
Format'을 개발하면서 바로 이 포맷에 적용할 새로운 기술규칙을 생
각하지 않을 수 없게 되었다.

그 결과 1981년, 국립중앙도서관의 자동화 준비실에서 입력되는
모든 서지데이터는 ISBD에 준하여 입력하기로 결정하였다. 즉, 한국
문헌자동화목록법에서 사용되는 표시기호(tags) 245부터 500까지는

ISBD에 준하는 것이었다.25) 이는 ISBD의 기본 방향인 '내부에 대한 세부규칙을 정하지 않고 골격만을 제시한다'는 원칙을 충실히 실행하는 것이었다. 그러나 한국에서 출판되는 문헌을 기술하는 데에는 여러 가지 문제점이 제기되었으며, 이러한 한국적인 특성을 살리기 위해서 세부적인 처리방식을 규정할 필요가 생기게 되었다.

이러한 필요성을 구현하고자 ISBD 세부규정안을 한국의 문헌적 특성에 입각하여 성안한 것이 이른바 1982년에 발행된 '국제표준서지기술법에 의한 한국문헌기술 세부규칙, 제1집'이었다. 이어서 1983년에 제2, 3집을 발행하였으며, 동년에 제1, 2, 3집의 내용을 보완하여 '한국문헌 자동화목록법 기술규칙(단행본용)예비노트판'을 발행하였다.

1985년에는 그동안 '예비노트판'에 의하여 실제 서지데이터를 입력하면서 제기되는 문제점을 수정, 보완하여 '한국문헌 자동화목록법 기술규칙(단행본용)예비노트 보완판'을 발행하였다.26)

1991년 12월에는 '예비노트 보완판'의 '0.11(용어해설)' 및 '1.1라 1(관칭과 관제)'에 관한 내용을 일부 수정하여 '한국문헌자동화목록법(KORMARC)에 관한 연구－단행본용 기술규칙－'을 발행하였으며, 그 후로 계속해서 1995년에 '연속간행물용' 및 1996년에는 '비도서자료용'의 기술규칙이 별책으로 마련되어 있고, 현재 '고서용'의 기술규칙도 마련중에 있는 것으로 보인다.

현대의 대표적인 MARC로 인정되고 있는 USMARC Format에는 별도의 편목규칙이 포함되어 있지 않고, 다만 일반적으로 공인된 편목규칙, 즉 AACR2에 따라 작성하도록 하는 지침(guidelines)이 마련되어 있다. 그러나, 우리나라에서 KORMARC기술규칙을 별도로 마련하고 있는 것은 그 당시까지는 KCR3이 편찬되지 않았으므로

---

25) 국립중앙도서관전산실. 국제표준서지기술법에 의한 한국문헌기술세부규칙－ 한국문헌자동화목록법에 적용하기 위하여. 제1집. 서울, 국립중앙도서관, 1982. p. 머리말.
26) 최영복. KORMARC의 현재와 미래. 情報管理學誌, 第8卷, 第1號, 1991. p. 8.

KCR2를 사용하고 있었는데 KCR2는 기계가독형식의 목록으로는 적합하지 못하였기 때문에, 별도의 KORMARC기술규칙을 마련하게 된 것이다.

C. AACR2R과 KORMARC기술규칙

여기에서는 KORMARC 단행본용 기술규칙(이하 KORMARC기술규칙으로 통용함)과 AACR2R에서 각각 해당되는 부분을 서로 비교해서 KORMARC기술규칙을 중심으로 분석하고자 한다.

양 규칙에서 가장 큰 차이를 보인 부분은 자료를 구성하는 언어 및 문자의 형태 차이에서 오는 서지적 기술표현의 유무, 즉 동양자료의 서지적 처리와 관련하여 반드시 고려해야 할 것으로 생각되는 문제로서, 관칭의 처리 문제와 표기법의 문제를 기술규칙에 포함하고 있다는 점이다.

우선, 1991년에 제정된 '한국문헌자동화목록(KORMARC)기술규칙-단행본용-'을 AACR2R의 제1부 2장 '단행본 도서, 팸플릿, 여타 인쇄물'과 비교해보면, 먼저 구두법에 있어서는 양 규칙이 '국제표준서지기술법-단행본용(ISBD(M)'의 기술순서와 구두법을 준수하고 있다.

특히, KORMARC기술규칙에서는 "ISBD(M)의 기술 순서와 구두법을 그대로 준수하되 한국 문헌의 특성에 알맞도록 서지활동업무에 필요한 추가의 모든 기술사항을 아울러 규정한다"[27]고 밝히고 있다. 그러나, "목록기술상의 문단구분은 다음 3문단으로 구분하며, 한 문단 내에서는 사항이 바뀌더라도 계속 연결하여 기술하되, 문단이 바

---

27) 한국문헌자동화목록법(KORMARC)에 관한 연구 단행본용 기술규칙. 서울, 국립중앙도서관, 1991. p. 1.(적용범위)

뀔 때에는 행을 바꾸어 기술한다"28)고 규정하고, 각 문단에 포함되
는 사항들을 아래와 같이 예시하고 있다.

> 1) 첫 번째 문단: 서명저자표시사항, 판사항, 발행사항
> 2) 두 번째 문단: 형태사항, 총서명사항
> 3) 세 번째 문단: 주기사항
>   두 번째 문단과 세 번째 문단 사이는 한 행을 편다.

이와 같은 문단의 구분에 대한 내용은 ISBD(M)에서는 찾아 볼
수가 없다. 따라서 ISBD(M)에서의 각 사항에 대한 연결 구두법, 즉
'첫 번째 사항 이외의 각 사항은 마침표·빈칸·붙임표·빈칸(.-)을
앞세워 기술한다'29)는 규정과 차이가 있음을 알 수 있다.

그리고 AACR2R에서도 형태사항과 주기사항에서 '사항은 마침
표·빈칸·붙임표·빈칸(.-)을 앞세워 기술하거나 또는 문단을 바꿔
기록한다'고 기록되어 있어, 결국 이것은 'KORMARC기술규칙'에서
와 마찬가지로 문단나누기로 볼 수 있어, AACR2R도 역시 ISBD와
차이가 있음을 알 수 있다.

또한, KORMARC기술규칙은 문단구분과 구두법이 자체 내에서
조차 서로 달라 구두법의 적용에 대한 통일을 가져오지 못하고 있
다. 예를 들어, '형태사항'을 살펴보면, '형태사항은 두 번째 문단에서
기술한다'고 문단구분을 명시해 놓고 있으면서도, '형태사항'에서의
구두법을 세부적으로 살펴보면, '형태사항은 마침표·빈칸·붙임표·
빈칸(.-)을 앞세워 면장수 및 권책수를 기술한다'고 서로 상이하게
기술하고 있다.

따라서 형태사항의 세부적인 구두법은 '문단구분에 대한 명시를 삭

---

28) Ibid. p. 4.(문단나누기)
29) IFLA *International Standard Bibliographic Description for Monographic
Publications*. 1st standard ed. revised. London, IFLA International Office
for UBC, 1978. p. 7.

제하고 앞 사항에 이어서 기술해야 한다'고 하든지, 그렇지 않으면, '만일 문단이 바뀌면, 앞세워 기술하는 마침표·빈칸·붙임표·빈칸(. -)을 생략하거나, 마침표로 대체할 수 있다'고 해야 할 것이다.

그리고 KORMARC기술규칙에서, 세 번째 문단으로 기술하는 주기사항의 구두법을 세부적으로 살펴보면, "일반주기사항이 두 가지 이상 나올 경우 마침표·빈칸·붙임표·빈칸(. -)을 앞세워 연이어 기술한다. 행을 달리하여 기술할 경우에는 마침표·빈칸·붙임표·빈칸(. -)을 생략할 수 있다"30)고 하여 AACR2R의 주기사항의 구두법과 같다.

이상과 같이, KORMARC기술규칙은 동일한 규칙 내에서도 '문단구분'조항과 세부적으로 '형태사항'의 구두법 조항이 서로 다르게 기술되어 있으며, 주기사항의 구두법에 대해서는 '문단구분'조항과 같게 기술되어 있다.

또한, 국제표준도서번호(ISBN) 및 입수조건에 관한 사항에서도 '사항은 마침표·빈칸·붙임표·빈칸(. -)을 앞세워 기술하거나 또는 문단을 바꿔 기술한다'는 구두법에 관한 내용이 AACR2R에는 명시되어 있으나 KORMARC기술규칙에는 주기사항까지만 기술규칙을 규정하고 있고 국제표준도서번호 및 입수조건에 관한 사항은 전혀 규정하지 않고 있다.

그리고 주기사항에서의 구두법에 관한 기술에서 부분적인 차이를 나타내고 있다. AACR2R에서는 '표출어와 주기내용 사이는 콜론(:)을 사용해서 구분하며 이때 콜론 앞에는 빈칸을 두지 않는다'31)고 기술하면서 주기사항에서 표출어와 내용사이에 대한 세부적인 구두점 사용을 기술하고 있으나, KORMARC기술규칙에서는 표출어와 내용사이의 구두점사용에 대해서는 "일반주기를 제외한 모든 주기사항

---

30) 한국정보관리학회. 한국문헌자동화목록법(KORMARC)에 관한 연구-단행본용 기술규칙. 서울, 국립중앙도서관, 1991. p. 150.
31) AACR2R. p. 80.(2.7A1)

은 표출어 · 빈칸 · 쌍점 · 빈칸(표출어:)을 앞세워 기술한다"32)고 기재
하고 있다.

이와 같이, 주기사항에서 표출어와 설명적인 내용 사이의 구두점 사
용이 AACR2R의 사용과 다르다. ISBD(M)에는 표출어와 주기내용 사
이의 구두점사용에 관한 내용은 기술되어 있지 않으나 그곳에 나타난
예시를 참고로 해서 살펴 볼 때, 이러한 구두점 역시 KORMARC기술
규칙이 ISBD(M)과 다르다는 것을 알 수 있다.

그리고 또다른 차이점으로는 동서양의 언어 및 문자의 상이한 점
때문에 나타나는 경우도 있다.

예를 들면, '오기, 오식'의 경우, AACR2R에서는 부정확하거나 철
자가 틀린 단어를 기재된 그대로 기술하고 [Sic]을 쓰거나, 정확한 표
현을 [i. e.…]으로 기재한다. 그러나 KORMARC기술규칙에서는 [!],
[실제는…]으로 바뀌었고, '여러 저작자의 표기 방법'에서도 AACR2R
에서는 [et al.]로 기재하나, KORMARC기술규칙에서는 [등편], [등저]
등으로 기재한다. 또한, 불확실한 발행사항의 경우에도 AACR2R에서
는 발행지 불명은 [s.1.], 발행처 불명은[s.n.]으로 기재하도록 기술하
고 있으나, KORMARC기술규칙에서는 [발행지불명], [발행자불명] 등
으로 기술하고 있다.

본표제 채기에 있어 으뜸정보원에서 활자크기가 1차 순위이고 서
명기재순서를 2차 순위로 삼아 본표제를 채택한다는 것이 동서양의
언어 및 문자의 다름에서 오는 차이점이다.

그리고 표기법의 차이가 아주 분명하게 나타나고 있는 것은 '관칭
과 관제'의 사용 유무라고 할 수 있다. KORMARC기술규칙에서는

---

32) 한국정보관리학회. 한국문헌자동화목록법(KORMARC)에 관한 연구-단행
본용 기술규칙. 서울, 국립중앙도서관, 1991. p. 150.
참조. KCR3.1의 1.0.5.4(구두점의 띄어쓰기)조항의 내용을 살펴보면,
"1.0.5.4(句續點의 띄어쓰기) 記述要素間의 구분표시로서의 句續點은 그 앞
과 뒤를 띄어 쓴다. 다만 마침표(.)와 쉼표(,), 著者表示와 註記事項에서
설명적 기능을 갖는 쌍점(:)만은 그 뒤만을 띄어쓴다"

'서명저자표시사항'에서 서명의 판정원칙33)에 의해 관칭과 관제를 정한 후 다시 '관칭과 관제'34)에 대해 '본서명 앞에 기재되어 있는 문구중 총서명, 대등서명, 원서명, 저자명, 발행자명, 회차, 권차, 판차 등을 제외하고는 전부 관칭이나 관제로 취급한다'고 규정하고, 관칭은 '본서명 앞에 기재되어 있는 문구가 본서명에 종속되어 있을 때는 이를 관칭으로 간주하고 원괄호로 묶어 본서명 앞에 기술한다'고 하여 관칭의 정의와 기재 위치를 명시하고 있다. 또한, 관제는 '본서명앞에 기재되어 있는 어구가 본서명과 독립적일 때에는 관제로 간주하고 이를 주기사항에 "관제: "라는 표출어를 앞세워 기술한다'고 하여 관제에 대한 정의 및 기재 위치를 명시하고 있다. 관제가 길 경우는 '첫머리에서 시작하여 10자 이상 되는 부분부터 축약하되, 식별 상 그 의미를 잃지 않는 범위 내로 줄여야 한다'고 규정하고 있다.

반면에 AACR2R에서는 동양서에서 볼 수 있는 이러한 내용의 기술에 대해 언급하고 있지 않다. 다만, ISBD(M)에는 동양의 관칭과 유사한 정의로 서명선행사항(avant-titre)이 있는데 '표제지나 표제지 대용물에 나타나는 서명선행사항은 문법적으로나 기타의 방식으로 기능한 경우에는 본서명의 다음에 기재하며, 그렇지 않은 경우에는 그러한 표시를 주기에 기재한다'35)고 규정하고 있다.

따라서 서양에서 말하는 avant-titre는 동양의 관칭에 상당하는 것이다. 따라서 관칭의 가장 직접적인 상위개념을 여타서명정보로 간주하는 데는 무리가 없을 것이다.36) 결국 주기에서 여타서명정보에 준하여 이를 처리하도록 하고 있다.

즉 서명선행사항은 여타서명정보로서 처리되고 있는 것이다.

---

33) KORMARC기술규칙. 1991. p. 10.
34) Ibid. p. 28.(1.1라1)
35) ISBD(M). 1st ed. revised p. 17.(1.4.6)
36) 오동근. 編目規則과 **MARC**포맷 있어서 東洋資料의 書誌的 記述에 관한 比較分析. 중앙대 박사학위논문, 1991. p. 103.

Ⅱ. KCR3에 있어서의 문제점

제Ⅰ장의 A항에서 이미 밝힌 바와 같이 AAR2R은 1977년에 완성된 국제표준서지기술법(ISBD(G))에 따라 편찬되었고, 그 동안 국제적인 전문학자들에 의해 제2차의 정밀한 개정을 거쳐서 편찬된 것으로 현재로서는 이것이 목록기술에 있어서 국제적으로 표준화된 대표적인 편목규칙이라고 말할 수 있다.

그러나 KCR3은 ISBD를 기초로 해서 편찬된 것임에도 불구하고 체계와 내용 등에 있어서 여러 가지의 문제점을 가지고 있다. 그리하여 이 장에서는 KCR3의 기술부의 문제점을 AACR2R과 비교해서 분석해 보고자 한다.

A. 체제와 내용

AACR2R의 구성체제는 우선 크게 제Ⅰ부와 제Ⅱ부로 구성되는데 제Ⅰ부는 '기술'에 관한 규칙이고, 제Ⅱ부는 '표목'에 관한 규칙이다. 이중에서 제Ⅰ부의 '기술'에 관한 규칙은 대체로 다음과 같이 구성되어 있다.[1]

---

1) AACR2R. p. v.(Part 1)

<표 1> AACR2R의 기술부의 기본구조

제1장 (기술을 위한) 일반규칙
제2장 도서, 팸플릿, 기타 인쇄물
제3장 지도자료
제4장 필사본(필사본선집을 포함해서)
제5장 음악자료
제6장 녹음자료
제7장 영상자료
제8장 그래픽자료
제9장 컴퓨터파일
제10장 입체자료
제11장 마이크로폼
제12장 연속간행물
제13장 분출

이들 13개의 장 중에서 제13장만을 제외하고 기타의 모든 장은 각각 대체로 ISBD의 체제에 따라 다음과 같은 사항으로 구분되어 각각의 사항 밑에서 다시 세부사항이 규정되어 있다.

<표 2> AACR2R의 기술부 각 장의 구성

0. 일반규칙
1. 서명저자사항
2. 판사항
3. 자료(혹은 출판유형)특정세목사항
4. 발행 배포 등 사항
5. 형태기술사항
6. 총서사항
7. 주기사항
8. 표준번호와 입수조건사항
9. 보유자료
10. 여러 가지 형태로 된 자료
11. 복사본, 영인본, 기타 재생자료

물론 이러한 사항의 세부사항들은 대상자료의 특성에 따라 각각 다르게 규정되고, 또한 각각의 장의 특성에 따라 몇 가지 사항이 달라지거나 추가되거나 생략되기도 한다.

예를 들면 '도서, 팸플릿, 기타 인쇄물'을 다루고 있는 제2장에서는 이 장의 말미에 '초기에 인쇄된 단행본'에 대한 규정들이 추가되어 '범위, 으뜸정보원, 서명저자사항, 판사항, 발행사항, 형태기술사항, 주기사항' 등이 규정되고 있다.2)

'지도자료'를 다루고 있는 제3장에서는 '자료특정세목사항'대신에 '수리적 데이터사항'으로 대체되고 있다.3) '필사본'을 다루고 있는 제4장에서는 '발행 배포 등 사항'대신에 '날짜사항'으로 대체되고 있다.4) 그러나 말미의 '보유자료, 여러 가지 형태로 된 자료, 복사본, 영인본, 기타 재생자료' 등에 대한 규정은 없다.

'음악자료'를 다루고 있는 제5장에서는 '자료특정세목사항'대신에 '음악설명표시사항'으로 대체하고 있다.5) '사운드 리코딩'을 다루고 있는 제6장과, '영화 및 비디오리코딩'을 다루고 있는 제7장에서는 이들 자료의 특성상 '복사본, 영인본, 기타 재생자료'의 사항이 없다.6) '그래픽 자료'를 다루고 있는 제8장에서는 '형태기술사항'이 다른 자료와는 다른 특이한 면이 있으나 11가지의 사항에 대한 변화는 없다. '컴퓨터 파일'을 다루고 있는 제9장에서는 '자료특정세목사항'이 '파일 특정사항으로 대체되고'복사본, 영인본, 기타 재생자료'사항이 없다. '입체가공물과 실물교재'를 다루고 있는 제10장에서는 역시 이들 자료의 특성상 '복사본, 영인본, 기타 재생자료'사항이 없다. '마이크로폼'을 다루고 있는 제11장에서는'자료특정세목사항'대신에 '지도자료 음악 연속간행물을 위한 특수데이터'로 대체되고,

---

2) AACR2R. p. 61.(Early printed Monographs)
3) AACR2R. p. 61.
4) AACR2R. p. 122.
5) AACR2R. p. 139.
6) AACR2R. p. 182.

'복사본, 영인본, 기타 재생자료'사항은 없다. '연속간행물'을 다루고 있는 제12장에서는 역시 '자료특성세목사항'대신에 '숫자, 알파벳, 연대표시 및 기타표시사항'으로 대체되고, '여러 가지 형태로 된 자료'대신에 '연속간행물의 난(欄)'으로 대체되고, '복사본, 영인본, 기타 재생자료'사항은 없다.

이상과 같이 AACR2R은 '기술을 위한 일반규칙' 이외에 정보자료를 11가지 유형으로 구분하여 각각의 자료유형에 따라 기술을 위한 규칙을 체계적으로 세밀히 규정하고 있음을 볼 수 있다.

한편, KCR3은 1부와 2부로 구분되는데 제1부는 '기술'을 위한 규칙이 규정되고, 제2부는 '표목올림지시'에 대해서만 간단히 규정되어 있다. 이중에서 제1부의 '기술'에 관한 규칙은 AACR2R과 마찬가지로 대체로 ISBD의 체계에 따라 다음과 같은 사항으로 구분되어 각각의 사항 밑에서 다시 세부사항이 규정되어 있다.

<표 3> KCR3의 기술부의 구성

0. 기술의 총칙
1. 서명저자사항
2. 판사항
3. 발행사항
4. 형태사항
5. 총서사항
6. 주기사항
7. 서적번호, 구득조건사항
8. 계층적완전기술방식
9. 분립기입

이상에서 보는 바와 같이, AACR2R과 KCR3의 기술부 구성을 대비해 보면 다음의 <표 4>와 같다.

<표 4> AACR2R과 KCR3의 기술부 구성 대비표

사 항	AACR2R	KCR3
일반규칙	O	O
서명저자사항	O	O
판사항	O	O
자료특정세목사항	O	X
발행사항	O	O
형태사항	O	O
총서사항	O	O
주기사항	O	O
표준번호와 입수조건사항	O	O
보유자료	O	X
여러 가지 형태로 된 자료	O	X
복사본, 영인본, 기타 재생자료	O	X
계층적 완전기술방식	X	O
분립기입	X	O

※ O은 있음, X는 없음을 나타냄

이상의 <표 4>에서 보는 바와 같이, KCR3의 기술부의 구성은 AACR2R의 기술규칙의 구성에 비하여 '자료특정세목사항' 및 '보유자료', '여러 가지 형태로 된 자료', '복사본, 영인본, 기타 재생자료'가 없다.

KCR3에서의 '자료특정세목사항'이 포함되지 않은 이유는, 이 사항이 단행본 도서에는 해당되는 사항이 아니기 때문에 당연히 단행본 위주의 기술규칙인 KCR3에는 포함되지 않은 내용이며, AACR2R에서도 일부의 장(3, 5, 9, 11, 12장)에서 만 활용되는 사항이다. 그리고 AACR2R에서는 '보유자료'사항도 독립적인 보유자료와 종속적인 보유자료로 구분해서 종속적인 보유자료는 '형태사항'에서의 딸림자료로 처리하고, 독립적인 보유자료는 분리하여 편목하고, 본서명에 2개의 부분으로 구성되었을 때에는 본서명에 대한 지시를 따른다.[7]

AACR2R에서는 '둘 이상의 형태로 된 자료'는 우세한 성분의 자

료를 대상으로 기술하고 나머지는 형태기술에 딸림자료나 보유자료
로 기술한다. 그리고 '복사본, 영인본, 기타 재생자료'에서 그 원본에
관련된 데이터는 주기해 주고, 영인본 등의 자료는 재생된 자료의
유형을 보고 그 자료에 적합한 규칙을 적용한다. 한편, KCR3에서는
영인본, 복사본에 대해서 AACR2R처럼 하나의 기술사항으로 독립
되어 있지 않지만, 세부 조항에서 '원본의 서지적 정보를 주기한
다'8)고 규정하고 있다.

따라서 위의 <표 4>처럼 KCR3에 몇 가지 사항이 없는 이유는,
편목규칙이 AACR2R처럼 다양한 유형의 자료를 모두 수용한 종합
적인 규칙이 아니라 단지 단행본만을 위한 기술규칙이기 때문이다.

한편 KCR3의 기술규칙의 말미에 '계층적완전기술방식'9)과 '분립
기입'10)이라는 사항이 추가되었는데, 이는 합집이나 총서를 한덩어
리로 본 전체적인 서지정보를 기록하고 다시 각각의 권별로 서지기
술하는 것으로, 이를 기술사항의 한 항목으로 다루는 것은 기술사항
만을 다루는 체계에 부합되지 않는다. 따라서 AACR2R에서는 이들
을 제13장 '분출'에서 다루고 있다. 이와 같이 KCR3에서도 독립된
장으로의 구성이 되었어야 할 것이다.

B. 문단나누기와 줄머리자리 잡는 법

ISBD와 AACR2R에는 문단나누기의 규정이 없는데 KCR3에서는
다음과 같이 '문단나누기'의 규정을 두고 있다.

---

7) AACR2R. pp. 55~56.
8) KCR3. p. 77.
9) KCR3. pp. 86~88.
10) KCR3. p. 88.

"(문단나누기) 書名著者事項, 版事項, 發行事項을 하나로 묶어서 첫文段으로 잡고; 形態事項, 叢書事項도 한 덩어리로 묶어 둘째 文段으로 잡으며; 註記事項은 각 註記를 마침표·빈칸·붙임표·빈칸(. ‒)으로 구분해서 세 번째의 文段으로 잡을 수도 있고, 성질을 달리하는 註記別로 文段을 달리하여 여러 개의 文段으로 기재할 수도 있다. 그 다음에 書籍番號 求得條件事項은 한 文段으로 잡아 기재한다.

別法으로, 書名著者事項부터 叢書事項까지를 한 文段으로 잡고, 그 다음에 註記事項을 한 文段으로, 다시 書籍番號 求得條件事項을 한 文段으로 잡아 기재할 수도 있다."11)

또한, ISBD와 AACR2R에는 '줄머리자리 잡는 법'에 대한 규정도 없는데 KCR3에서는 다음과 같이 '줄머리자리 잡는 법'을 규정하고 있다.

"(줄머리자리 잡는 법) 記述의 줄머리자리(indention) 잡는 법은 첫줄내쓰기式(hanging indention)의 기재형식을 취한다. 여기서 말하는 첫줄내쓰기식이란, 첫 文段은 그 첫줄에 첫째자를 둘째줄 이하의 나머지 줄보다 한字(로마字로는 두字) 앞에 내 쓰고, 둘째 文段 이하의 모든 文段은 각 文段의 첫째 줄과 나머지 줄의 첫째 字를 첫째 文段의 둘째 줄의 줄머리자리에 맞추어 기재함을 가리킨다.

　　　　서명저자사항---------------------------
　　　　----------------------판사항----------
　　　　------발행사항--------------
　　　　형태사항--------(총서사항---------)
　　　　주기사항-----------------------------
　　　　서적번호 구득조건사항--------------------

別法1. 줄머리자리 잡는 법을 모든줄다내쓰기式(block indention)으로

11) KCR3. p. 26.

취할 수도 있다.
　別法2. 줄머리자리 잡는 법을 文段別 첫줄들여쓰기式(indented form)으
　　　　로 쉬할 수도 있다"12)

　모든 규정이나 규칙은 가능한 한 한 가지 원칙에 따라야 일관성이
있게 되고, 예외가 많으면 무질서하고 곤란한 경우가 많다. 그런데
이상의 예시에서 보는 바와 같이 KCR3에는 예외사항과 이른바 "별
법"이 있어 편목자가 임의로 결정하게 하였으니 이로 인해서 일원화
된 목록이 작성될 수가 없는 것이다.13) 더구나 목록의 국제적 표준
화를 위해서 편목기술규칙에는 이상과 같은 예외와 별법의 규정을
가능한 한 피해야 할 것이다.

C. 표목올림지시사항

　AACR2R에는 표목지시사항에 대한 규칙이 없이 다만 LC의 실무
적인 관행에 따르고 있는데 LC에는 분류담당부서와 목록담당부서가
따로 구분되어 있고, 이에 따라 편목작업도 명확히 분담되어 있다.
그리고 AACR2R은 현재도 기본저록방식을 유지하고 있는데 이 기
본저록방식은 이미 기본표목이 표출되어 있으므로 기본표목지시는
생략하고, 다만 부출표목만을 지시하게 된다. 그리고 기재순서와 방
법14)은 우선 분류담당부서에서 처음에 아라비아숫자를 앞세워 1번
부터 주제명을 부출지시하고, 순차로 분류번호를 부출지시하며, 다음
은 목록담당부서에서 다시 로마숫자를 앞세워 I번부터 순차로 저자

---

12) KCR3, p. 27.
13) 정필모. KORMARC에 관한 몇 가지 문제점. 도서관, 제51권, 제4호, 1996. pp.
　　13~15.
14) *The Vatican Catalog Code.* Cahicago, ALA, 1948. p. 3.

명, 서명 등의 순으로 부출지시하고 있다.

그러나 ISBD가 완결된 이후 저록은 표목부와 기술부가 완전히 독립적인 성격을 가지게 되었으므로, 아직도 기본저록방식을 고수하는 것은 불합리하다. 그 이유는 우선 카드목록에 있어서 부출카드의 경우는 기본표목 위에 다시 부출표목을 올려주게 됨으로 표목이 중첩되기 때문이다.

또한 표목지시사항의 번호매김에 있어서 LC의 관행대로 분류담당부서와 목록담당부서의 업무분담표시를 하기 위해서 아라비아숫자와 로마숫자를 혼용한다는 것도 특히 로마숫자를 사용하지 않는 나라의 경우는 불합리하다.

한편 KCR3에는 '標目올림指示'라는 별도의 장이 마련되어 있다. 그러나 표목지시사항에는 몇 가지 불합리한 부분이 발견된다. 예를 들면, 그 총칙에 다음과 같이 규정되어 있다.

> 印刷 등 複製방법으로 목록카드를 작성하는 경우에는 그 도서의 검색에 필요한 모든 記入의 작성을 위한 標目을 書誌記述유니트카드의 맨 밑에 한 文段으로 잡아 기록한다. 이때 書名記入으로서 올려지는 書名標目의 문자와 형식이 띄어쓰기 외에는 記述部의 첫머리 書名의 그것과 완전히 일치할 경우에는 書誌記述유니트가드를 그냥 書名記立으로 삼고, 書名記入을 위한 書名標目의 올림지시는 생략한다. 손으로 일일히 쓰거나 타자해서 목록카드를 작성하는 경우에는 書名記入에만 그의 맨 밑에 그 記入外의 각종기입을 내기 위한 標目을 기록한다.15)

이상의 요지는 첫째, 표목지시사항은 기술사항의 맨 밑에 한 문단으로 기술한다는 것이고, 둘째, 서명을 기본표목으로 하되 서명표목의 문자와 형식이 기술부의 그것과 일치할 경우(예를 들면, 서명이 漢字가 아니라 한글로 쓰인 경우) 서명표목을 위한 표목지시는 생략한다는 것이며, 셋째, 기본저록에만 표목지시를 준다는 것이다. 이상

---

15) KCR3. 1. p. 90.(총칙)

에서 첫째와 셋째의 사항은 당연한 것으로 별다른 의미가 없고, 다만 핵심사항은 둘째의 것으로 이것은 서명을 기본표목으로 하고 기본표목에 대한 표목지시는 생략한다는 것이다. 그러나 1961년 국제편목원칙회의(ICCP)에서 채택한 '제 원칙에 관한 성명(Statement of Principles)'16)이후 현재까지 저자명을 기본표목으로 한다는 기준에 부합하지 않는 것이다.

그러나, 표목지시사항의 번호매김에서 아라비아숫자만을 사용한 것, 그리고 주제명 부출지시번호와 분류번호 부출지시번호 다음에 반쪽원괄호( ))를 준 것은 개선된 것이라고 평가될 수 있다.

---

16) IFLA *Statement of Principles adopted at the International Conference on Cataloging Principles* Paris, 1961.

Ⅲ. 편목규칙과 MARC의 문제점

이 장에서는 이미 제기한 바와 같이 KCR3의 구조적인 문제점을 보완하기 위한 이론적 근거를 도출하기 위해서, 온라인 환경에서 제기되고 있는 AACR2R과 MARC에 대한 비판과 그 갱신을 위한 주장 및 KCR3과 KORMARCC기술규칙의 비판과 전망을 선행문헌을 통해서 살펴보고자 한다.

A. AACR2R과 MARC

현재 통용되고 있는 AACR2R과 모든 MARC는 목록의 자동화를 위한 규칙이다. 그러나 이들 규칙들은 온라인 열람목록(OPAC)의 환경이 현재와 같이 일반화되기 이전 이른바 카드목록 체제로 작성된 제1세대의 온라인 목록을 위한 것이다.

이와 관련하여, Margaret F. Maxwell은 'AACR2R은 수작업 시스템에 기초를 둔 것이지 온라인 목록에 기여하는 것이 아니라고 비판하고, 이 규칙은 온라인 환경에 있어서의 서지레코드의 요구사항을 충족시키지 못했다'[1]고 주장하고 있다.

또한, John J. Boll은 AACR2R은 카드목록에 적용된 규칙이고,

---

1) Margaret F. Maxwell. *Handbook for AACR2 1988 Revision: Explaining and Illustrating the Anglo-American Cataloguing Rules*. Chicago, ALA. 1989. p. 181.

컴퓨터 환경에는 최소한 어느 정도도 적합하지 않다고 분석하고 있다. Boll은 새로운 규칙에 대한 필요성을 논의하는데 있어서 "1908년 이래 처음으로, 컴퓨터로 인하여, 실제로 새로운 규칙을 요구하는 새로운 환경, 새로운 잠재성이 만들어져 왔다"2)고 말했다. 이 점은 컴퓨터를 이용한 새로운 환경, 즉 온라인 열람목록을 위한 새로운 규칙에 대한 필요성을 요구하고 있는 것이다.

Ross Bourne은 "AACR2이 카드목록포맷과는 별개의 것인데도, … 카드목록과 온라인 열람목록의 요구를 모두 충족시키고 있는데, 카드목록의 기본구조에 動因된 것은 아니다"3)라고 믿었다. 온라인 열람목록은 12.5cm×7.5cm 카드의 공간제한을 받지 않는데, AACR2R은 이들 두 가지(즉, 카드와 OPAC) 목록에 똑같이 적용되고 있으나, 이것이 온라인 열람목록 이용자들의 정보요구를 만족시킬 수가 없었다고 주장하고 있다.4)

또한, Arnold S. Wajenberg는 '편목표준의 미래'에 관한 논문에서, 온라인목록은 아주 다른 규칙을 필요로 한다고 지적하고, "AACR2R은 카드목록이나 책자목록의 상황에서는 의미가 통하지만, 표목에 대한 키워드 접근법을 가진 온라인 목록을 위해서는 비생산적이다"5)라고 AACR2R을 비판하고 있다.

특히, 온라인 환경에서의 편목규칙 적용에 참여해 온 F.H. Ayres는 '매뉴얼과 컴퓨터시스템의 두 가지로 사용될 수 있는 편목규칙을

---

2) John J. Boll. The Future of AACR2. *Cataloging & Classification Quarterly*, Vol.12, No.1, 1990. p. 6.

3) Ross Bourne. MARC: strait-jacket or opportunity, in *AACR, DDC, MARC and Friends: The Role of CIG in Bibliographic Control*, edited by John Byford, Keith V. Trickey and Susi Woodhouse. London, Library Association Publishing, 1993. p. 82.

4) Rahmatollah Fattahi. Anglo-American Cataloguing Rules in the Online Environment: A Literature Review. *Cataloging & Classification Quarterly*, Vol.20, No.2, 1995. p. 31.

5) Arnold S. Wajenberg. The Future of Cataloging Standards. *Illinois Libraries*, Vol.72, No.6, 1990. p. 495

마련하는 현재의 정책은 그것이 자동화의 발전을 저해하기 때문에 재고되어야만 한다'6)고 지적했다. 간단히 말하면 Ayres는 카드목록에서 기본이 되었던 규칙은 온라인열람목록의 환경하에서는 효과가 없다고 결론을 내리고 있다.

Rahmatollah Fattahi는 '새로운 환경에 있어서 여러 편목전문가들이 AACR2R에서 당면하는 난점은 온라인 열람목록의 구조, 특성 및 성능이 그 이전의 카드목록과 상당히 다른 데도 그것이 서로 다른 목록의 포맷(목록카드, COM, OPACs)을 똑같이 다루고 있다'는 점이라고 말하고 있다.7)

결과적으로, Fattahi가 말한 바와 같이 "사실상 제1세대의 온라인 목록은 거의 컴퓨터화 된 카드목록이었으며, (온라인목록의) 요구에 따라 개발되어 양립할 수 있는 규칙으로서의 새로운 모습을 구체화시키지는 못하였다"8)

그리하여 근년에는 AACR2R이나 MARC에 대해서 불만과 비판의 소리가 높아지고 있다.

또한, J.E. Rowley는 온라인 열람목록(Online Public Access Catalogue: OPAC)의 도입으로 영향을 받은 목록의 역할에 있어서의 변화를 지적하면서 "… 실망스럽게도, 1988년 개정판은 온라인 열람목록(OPAC)의 출현으로 편목자들에게 제공되는 새로운 기회를 고려하도록 제안하는 증거가 되지 못했다"9)고 언급하므로써 AACR2R을 비

---

6) F.H. Ayres. Duplicates and Other Manifestations: A New Approach to the Presentation of Bibliographic Information. *Journal of Librarianship*, Vol.22, No.4, 1990. p. 241.
7) Rahmatollah Fattahi. Anglo-American Cataloguing Rules in the Online Environment: A Literature Review. *Cataloging & Classification Quarterly*, Vol.20, No.2, 1995. p. 30.
8) Rahmatollah Fattahi. Anglo-American Cataloguing Rules in the Online Environment: A Literature Review. *Cataloging & Classification Quarterly*, Vol.20, No.2, 1995. p. 27.
9) J.E. Rowley. Towards AACR3: A Review of the Implications of OPACs for Cataloguing Codes and Practices. *Library Review*, Vol.38, No.3, 1989.

판했다. 따라서 Rowley는 OPAC지향적인 환경에서의 AACR2R의 개정은 필수적이라고 결론을 내렸다.[10]

Ronald Hagler는 'AACR2R은 아직도 다만 데이터 입력을 위해서만 쓰인 규칙이지 온라인목록에서 요구되는 표현(display)과 출력형식(output formats)을 위한 것이 아니다'라고 비판하고 있다.[11]

Alan Jeffreys에 따르면, '컴퓨터화 된 목록, 특히 온라인 열람목록(OPAC)의 출현은, 도서관의 목록에 대한 물리적인 외형이나 내적인 구조를 근본적으로 변화시켰다'[12]는 점이다. 따라서 '편목규칙은 이제 이용자들의 요구와 현대의 기술에 따라 맞춰야 한다'고 결론을 내리고 있다.[13]

한편, Fattahi는 'MARC는 기본적으로 카드목록의 환경에서 카드생산을 위한 기계가독 편목포맷으로 개발된 것'[14]으로 온라인환경에는 잘 부합되지 않는다고 주장한다. 그리고 그는 '지난 20년 동안에 자동화 시스템에 있어서의 큰 발전이 있었고, 한편, 온라인 목록에 대한 서지적 레코드의 구조에 있어서 더 융통성이 요구되는 데도 불구하고, MARC는 아직도 1960년대에 있어서 서지적 데이터의 순서와 성격을 따르고 있다'[15]고 비판하고 있다.

또한, Fattahi는 "AACR2R에 있어서의 몇 가지 부적절한 사항 때문에 MARC포맷은 AACR2R의 규정에 없는 몇 가지 빈도의 필드를 마

---

p. 7.

10) Ibid. p. 8.

11) Rahmatollah Fattahi. op. cit. p. 29.

12) Alan Jeffreys. AACR after 1978, in *AACR, DDC, MARC and Friends: The Role of CIG in Bibliographic Control.* edited by John Byford, Keith V. Trickey and Susi Woodhouse. London, Library Association Publishing, 1993. p. 57.

13) Ibid. p. 59.

14) Rahmatollah Fattahi. Anglo-American Cataloguing Rules in the Online Environment: A Literature Review. *Cataloging & Classification Quarterly*, Vol.20, No.2, 1995. p. 39.

15) Loc. cit.

런해야만 했다"16)고 주장하고 있다. John C. Attig는 "USMARC에 있어서 이들 몇 가지의 포맷 발전과정을 조사하고 '기술보고서', '회귀도서', '분출', '컴퓨터 파일', '고문서', '입체자료', '전거', '소장표시'와 같은 것은 AACR2R을 반드시 따를 필요가 없다"17)라고 말했으며, Elaine Svenonius도 '통합 데이터베이스의 방향으로의 점진적인 추세와 더불어, 소장표시를 위한 USMARC포맷의 개발은, 무엇을 서지기술의 유일한 대상으로 구성하는냐의 문제에 대해 AACR2R이 적절히 다루지 못했다는 것을 분명하게 나타냈다'18)고 말하고 있다.

Gorman은 AACR2와 MARC포맷에 대해서 그들의 내부적 모순과 온라인목록과 일치되지 않는 점을 비판했고,19) MARC포맷이 지니고 있는 주요한 문제점은, 특히 온라인목록의 밝은 미래가 예견되는 시점에서, 새로운 환경에 적절하지 못하다는 것을 지적하고 있다.20) 이렇듯, 서지 데이터 디스플레이포맷이 매우 다양해지고 일치하지 않고 있다는 것이다. 그리고 David A Tyckoson은 '이러한 다양성은 온라인 정보소스와 온라인 목록에서는 더욱 심하게 나타난다'21)고 말하고 있다.

그리하여 "AACR2R과 MARC는 온라인 환경에 합리적으로 부합되

---

16) Ibid. p. 40.
17) J.C. Attig. Descriptive Cataloging Rules and Machine-Readable Record Structures: Some Directions for Parallel Development, in *The Conceptual Foundations of Descriptive Cataloging*, edited by Elaine Svenonius. San Diego, California, Academic Press, Inc., 1989. pp. 138~140.
18) E. Svenonius. *The Conceptual Foundations of Descriptive Cataloging*, San Diego, Academic Press, Inc., 1989. p. 131.
19) Michael Gorman. Yesterday's Heresy-Today's Orthodoxy: An Essay on the Changing Face of Descriptive Cataloging. *College& Research Libraries*, Vol. 50, No.6, 1989. p. 631.
20) M. Gorman and associates. *Technical Services Today and Tomorrow*. Englewood, Colo., Libraries Unlimited, 1990. p. 33.
21) David A. Tyckoson. The Twenty-First Century Limited: Designing Catalogs for the Next Century. *Library Resources & Technical Service*, Vol.35, No.3, 1991. p. 18.

도록 하기 위해서 앞으로 상당한 변화가 있을 것으로 예견된다."22)

이상과 같이, AACR2R은 환경이 분명히 다른 두 개의 목록, 즉 카드목록과 온라인 목록을 동시에 만족시켜 양립할 수 있다는 것은 어려운 일이다. 따라서 카드목록환경의 틀을 벗어나, 온라인환경에서의 새로운 목록을 제공하는 시스템으로의 전환은 이제 필요불가결한 것이 되었다. 결국, 컴퓨터의 활용으로 인한 환경의 변화는 기존의 카드목록에 적용되었던 기술규칙을 수정하거나 개편해야 할 것이다.

온라인 목록과 관련해서 James D. LeBlanc은 '온라인 자료의 폭증과 편목업무의 방법을 변하게 하는 강력한 도구의 등장은 분명하다'23)며 목록에 대한 변화를 시사하고 있다.

AACR의 미래에 관해서 Sheila S. Intner는 "정보매체와 정보기술에 있어서 많은 변화가 있었고, 정보의 생산과 전달의 기술에 있어서 더 큰 변화가 있을 것으로 보인다"고 지적하고, 편목규칙은 고정적인 것이 아니라 그 규칙들이 적용될 자료에 적절해야 하기 때문에 AACR의 신판, 즉 AACR3에 대한 강력한 요구가 있는 것이라고 말하고 있다.24) 또한, Richard P. Smiraglia는 "전반적으로는 서지통정, 특정한 부분에서는 편목기술법, 그리고 AACR은 기록된 지식의 개발을 위한 도구로서 효과적으로 유지되도록 변경되어야만 한다"25)고 말하고 있다.

Boll은 AACR2R의 신판에 대한 아이디어로서 두 질의 규칙으로 된 이른바 "AACR3"이라고 하는 새로운 규칙을 제안했다. 즉, '하나는 지성적, 판단적 및 서지적인 측면의 편목규칙이고, 또 하나는 미

---

22) 정필모. 온라인환경에서의 편목법. 圖書館學論集, 第25輯, 겨울호, 1996. p. 3.
23) James D. LeBlanc. Cataloging in the 1990s: Managing the Crisis (Mentality), *Library Resources & Technical Services*, Vol.37, No.4, 1993. p. 424.
24) Sheila S. Intner. "The Case for AACR3," *Technicalities*. Vol.8(4), 1988. p. 7.
25) Richard P. Smiraglia. *Origins, Content, and Future of AACR2 Revised*. Chicago, ALA, 1992, p. xi.

세하고 선택적인 컴퓨터의 요구사항이나 혹은 조작하는 관례를 열거하는 규칙이다'26) 또한, Michael Carpenter에 따르면, '온라인목록의 새로운 시대를 위해, 새로운 편목규칙을 편찬해야만 한다. 그리고 새로운 규칙은 기술적인 면과 개념적인 면을 고려해야 한다'27)고 제언하고 있다.

여기에서, Boll이 언급한 지성적, 판단적 및 서지적 측면은 Carpenter가 제언한 개념적인 측면을 의미하며, 컴퓨터의 활용에 관한 측면은 기술적인 측면과 동일한 의미를 나타낸 것이다. 다시 말하면, Boll과 Carpenter가 말하는 새로운 규칙에서, 개념적인 측면은 AACR2R의 수정에 대한 부분이며, 기술적인 측면은 MARC의 갱신에 대한 내용으로서 이들 모두를 하나의 체계로 통합한 것을 의미한다.

Wajenberg는 '미래의 환경은 아주 달라지게 될 것이므로 온라인목록은 편목규칙에 있어서 근본적인 변화를 필요로 한다'28)고 지적하고 있다. Rodney M. Brunt는 목록생산기술이 크게 바뀌었고, 따라서 전자목록이 서지적 레코드에 대한 접근점을 제시하는 방법에 있어서 더욱 발전될 것이므로, 목록기술법을 다루는 이 규칙은 다시 설계될 필요가 있다고 말하고 있다. AACR2R에 대한 변경의 방향에 대해서, Brunt는 이 규칙의 재설계는 온라인 목록의 특성과 성능, 특히 탐색과 검색성능에 기초를 둘 것을 제안하고 있다.29) 그러나, Wajenberg나 Brunt도 AACR2R의 갱신에 대해서 보다 구체적인 사항을 제시하지 않고 있다.

---

26) John J. Boll. The Future of AACR2. *Cataloging & Classification Quarterly*, Vol.12, No.1, 1990. p. 13.

27) Michael Carpenter. Does Cataloging Theory Rest on a Mistake? in *Origins, Content, and Future of AACR2 Revised*. edited by Richard P. Smiraglia. Chicago, ALA, 1992. p. 101.

28) Arnold S. Wajenberg. The Future of Cataloging Standards. *Illinois Libraries*, Vol.72(6). 1990. p. 103.

29) Rodney M. Brunt. The Code and the Catalogue: A Return to Compatibility. *Library Review*, Vol.41, No.3, 1992. pp. 21~32.

한편, Ben R Tucker는 AACR2R에 대해서 표목의 형식을 위한 규칙에 있어서는 거의 변경이 없을 것이고, 기본저록표목의 선택을 위한 규칙에서는 몇 가지의 조정이 있을 것이며, 서지적 기술을 위한 규칙에서 약간 조정될 것으로 예견하고 있다.30) 이와 같이 Tucker는 AACR2R의 갱신에 대해서, 전반에 걸친 주요한 변경사항을 보다 구체적으로 제시해 주고 있다.

또, Barbara Tillett은 편목규칙과 MARC포맷이 미래의 서지계에 부합하도록 하기 위해서 급진적인 변화를 겪을 상황을 예견하고 있다. 그녀는 그 규칙에 서문부를 두어서 도서관목록을 편찬하는데 대한 기본원칙을 제시하고, 그 개념을 설명해줄 것을 제안하고 있다.31)

그러나, Carpenter는 '목록기술에 대한 현재의 논의는 현행의 처리방식에 대한 불만을 나타내고 있지만,(전문가들은 아직) 그 불만에 대한 원인분석이나 변화에 대한 그들의 제안사항을 지원하기 위한 개념적 혹은 경험적 연구에 대비할 준비가 되어 있지 않다'32)고 믿고 있다.

한편, MARC에 대하여, Jean R. Weihs와 Lynne Howarth는 MARC 레코드를 기초로 한 시스템에 대한 AACR2R의 규칙개정의 영향을 조사하고, 이러한 시스템을 위해서는 코딩, 레코드와 필드의 길이 및 접근점의 선택과 형식에 있어서 변화가 있을 것33)이라고

30) Ben R. Tucker. AACR2: Implementation and Interpertation of 1988 Revision, In *Origins, Content, and Future of AACR2 Revised.* edited by Rechard P. Smiraglia. Chicago, ALA, 1992. p. 42.

31) Barbara B. Tillett. Future cataloging rules and catalog recards. in *Origins, Content, and Future of AACR2 Revised.* edited by Richard P. Smiraglia. Chicago, ALA, 1992. pp. 112~113.

32) Michael Carpenter. The Narrow, Rugged, Uninteresting Path Finally Becomes Interestion: A Review of Work in Descriptive Cataloging in 1991 with Trail Marks for Further Research. *Library Resources & Technical Services*, Vol.36, No.3, 1992. p. 291.

33) Jean R. Weihs and Lynne Howarth. *A Brief Guide to AACR2 1988*

말했다. 그러나 이들은 코딩, 레코드와 필드의 길이 및 접근점의 선택과 형식에 있어서 변경해야 할 이유와 구체적인 사례를 제시하지 않고 있다.

Fattahi에 의하면 MARC포맷과 AACR2R과의 관계는 너무나 밀접하기 때문에 많은 사람들은 이들 두 가지는 서지적 레코드의 코딩과 내용을 함께 다루는 단일의 기준으로 통합되기를 바라고 있다고 한다.[34) 한편 Attig는 이 두 가지 기준 도구사이의 많은 유사성에 기초해서 '결합된 AACR2-MARC, 즉 서지적 데이터의 내용과 기호표시의 두 가지를 다루는 단일기준이 될 수 있다'[35)고 말하고 있다. Gorman은 AACR2를 근본적으로 개조하는 동시에 이에 따라 MARC도 아주 획기적으로 개정하여 AACR2와 MARC 포맷을 포함하는 하나의 통합된 기준으로서 이른바 'HYPERMARC'를 편찬할 것을 제안하고 있다.[36)

또한, Phyllis A Richmond는 '미래의 목록 코드는 대화 능력을 가질 수 있는 가능성을 최소한 고려해야 한다'[37)고 주창하고 있으며, Cerise Oberman은 기술의 진전으로 아이디어가 현실화 되어 '슈퍼목록(Supercatalog)'[38)이 탄생될 것으로 보고 있다.

Revision and Implications for Automated Systems. Ottawa, Canadian Library Association, 1988.

34) Rahmatollah Fattahi. Anglo-American Cataloguing Rules in the Online Environment: A Literature Riview. *Cataloging & Classification Quarterly*, Vol.20, No.2, 1995. p. 40.

35) J.C. Attig. Descriptive Cataloging Rules and Machine-Readable Recard Structures: Some Directions for Parallel Development, in *The Conceptual Foundations of Descriptive Cataloging*, edited by Elaine Svenonius. San Diego, California, Academic Press, Inc., 1989. p. 135.

36) M. Gorman. Searching for the Green Light: The Anglo-American Cataloguing Rules in an Electronic Environment. *Cataloguing Australia*, Vol.17, No.3/4, 1991. p. 34.

37) Phyllis A. Richmond. The AACR, Second Edition, What Next? in *The Nature and Future of the Catalog*. edited by Maurice J. Freedman and S. Minchael Malinconico. Phoenix, Oryx Press, 1979. p. 190.

　이상의 논의 중에서 'AACR2R은 수작업 시스템에 기초를 둔 것
이지 온라인 목록에 기여하는 것이 아니므로, 이 규칙은 온라인 환
경에 있어서의 서지레코드의 요구사항을 충족시키지 못했다'고 하는
Maxwell의 주장과 '온라인목록은 카드목록과는 다르게 공간 제한을
받지 않는데 AACR2R은 이들 두 가지(즉, 카드와 OPAC) 목록에
똑같이 적용되고 있으므로, 이것이 온라인 열람목록 이용자들의 정
보요구를 만족시킬 수가 없었다'고 하는 Fattahi의 주장은 누구나 수
궁할 수 있다고 판단된다.

　그러나, Wajenberg와 Gorman은 '미래의 환경은 아주 달라지게
될 것이므로 온라인 목록은 AACR2R에 있어서 근본적인 개조를 필
요로 한다'고 주장하고, Carpenter라도 '온라인 시대를 위한 새로운
편목규칙을 편찬해야만 한다'고 주장하고 있다. 반면에 이와는 대조
적으로 Tucker는 AACR2R에 대해서 '표목의 형식을 위한 규칙에
있어서는 거의 변경이 없을 것이고, 기본표목의 선택을 위한 규칙에
서 몇 가지의 조정이 있을 것이며, 서지적 기술을 위한 규칙에서 약
간 조정될 것'이라며 소폭의 개정을 주장하고 있다.

　그리하여, 본 연구에서는 Wajenberg, Gorman, Carpenter 등이 주
장하는 것처럼 AACR2R이 대폭적으로 개정될 것인지, 아니면
Tucker가 주장한 바와 같이 소폭의 개정으로도 충족될 것인지에 대
하여 주시하고, 다음 장에서는 특히 서지적 기술을 위한 규칙을 중
심으로 실제적인 내용을 분석해 보고자 한다.

---

38) Cerise Oberman. Avoiding the Cereal Syndrome, or Critical Thinking in
　　the Electronic Environment. *Library Trends*, Vol.39, No.3, 1991. p.189.

B. KCR3과 KORMARC기술규칙

1974년에 IFLA에서 ISBD(M)를 제정하므로서 세계의 도서관계는 편목규칙을 전산화하는데 부합하도록 이를 갱신해 나가고 있었다. 이에 따라 우리나라의 국립중앙도서관에서는 1980년 KORMARC포맷을 개발하면서 여기에 적용할 편목규칙에 대한 검토가 함께 이루어졌다. 그 당시 우리나라에서 사용되던 편목규칙은 KCR2였는데, KCR2는 1966년에 개정된 것으로 목록의 국제적 표준화를 위하여 제정된 ISBD 와는 기술체계가 전혀 다르다. 따라서 국립중앙도서관은 1932년에 ISBD에 따라 KORMARC기술규칙을 제정하여 KORMARC포맷에 적용하기 시작하였다. 이 때 국내의 출판물을 편목하는데 있어서는 결정해야할 사항, 즉 본서명 앞의 관칭의 처리방식이나, 권차표시, 저자표시방식 등을 신중히 검토해야만 하였다.[39]

이와 같이, KORMARC기술규칙은 ISBD를 바탕으로 하고 있으나 국립중앙도서관에서 직접 데이터를 입력하면서 발견되는 문제점들을 기초로 실제의 표제면과 판권기의 예시를 제시하였기 때문에 상당히 실무위주로 되어 있다고 할 수 있다.

한편 1983년에 개정된 KCR3도 ISBD에 그 기초를 두고 있고 우리나라에서 관련분야 최고의 전문가들에 의해서 개정된 것으로 상당히 폭넓은 의견을 수렴하여 이를 바탕으로 편찬한 것이라고 할 수 있다. 그런데 결과적으로, KCR3이 KORMARC기술규칙과 상충되는 부분이 발생하였고, 재정의 주체가 서로 달라 이원화원 편목규칙이 생기게 되었다.[40]

KCR3과 KORMARC기술규칙에 대해서는 그동안 상호의 비교 분

---

39) 최영복. KORMARC의 현재와 미래. 情報管理學會誌, 第8卷 1號, 1991. pp. 3~4.
40) 최영복. KORMARC의 현재와 미래. 情報管理學會誌, 第8卷 1號, 1991. p. 4.

석을 통한 비판은 있었으나41) 온라인 환경과 관련해서 편목규칙의 개정 및 수정, 보완 등을 제시하는 연구는 없었다. 그러나 최근 정필모 교수는 온라인 환경에서 서지기술방식의 변화를 더욱 구체적으로 제시하고 있다. 그는 온라인 환경에서의 편목규칙은 구두점, 각 사항의 기술방식, 표목부의 변화가 있어야 할 것이며, 특히 KCR3에 대해서는 단행본에 대한 기술규칙 이외의 규칙과, 표목부에 대한 규칙이 조속히 편찬되어야 한다고 촉구하고 있다.42)

이에 따라 필자가 KCR3과 KORMARC기술규칙을 비교 분석한 바 이들 두 규칙 사이에 뚜렷이 상충되는 부분이 있는데 몇 가지 예를 들면 다음과 같다.

첫째, 원서명과 대등서명에 대하여, KCR3에서는 원서명과 대등서명 사이의 개념상의 구분이 명확지 않다.(1.1.2.1과 1.1.2.2) 따라서 이를 기술하는데 혼돈을 야기시킬 가능성이 많다. 그러나 KORMARC술규칙에서는 "대등서명은 본서명과 다른 언어로 쓰인 서명으로서 원서명을 제외한 서명"이라고 규정하고, "원세명은 번역 또는 대역본에 나타나는 원서의 서명으로서 번역의 대상이 된 출판물의 서명"(1.0다)이라고 규정하여 원서명과 대등서명 사이의 개념을 명확히 하고 있다.

둘째, 관칭 또는 관제에 대해서, KCR3에서는 "관제"라는 낱말만을 사용하고 있는데 "관제는 본서명 앞의 기재물"이라고 규정하고, "본서명의 앞이나 위에 대등서명, 부서명, 잡제, 권차나 회차나 년차, 저자표시, 판표시, 발행처, 총서명 및 그 밖의 어귀가 기재되어 있는 것은 각기 해당사항의 기재위치에 옮겨 적는다"고 규정하고 있다. 그리고 이어서 "다만 두 요소 사이가 같은 활자크기로 같은 줄에 붙여 쓰여져 있거나 수식적 어미나 전치사에 의해서 문법적으로 불가분 하게 한 덩어리로 연결되어 있을 때에는, 그 앞부분이 너무 장황

---

41) 金浩建 KCR3와 KORMARC기술규칙의 比較分析. 중앙대 석사학위논문, 1994.
42) 정필모. 온라인 환경에서의 편목법, 圖書館學論集, 第25輯, 1996. pp. 1~18.

하거나 뒷부분이 고유성이 약한 낱말로 구성되어 있는 것이 아닌
한, 그 전체 덩어리를 본서명으로 본다"고 규정하고 있다.(1.1.1.5)
이와 같이 KCR3에서의 관제에 대한 규정은 좀 장황하고 명확하지
못한 부분이 있다고 판단된다.

한편, KORMARC기술규칙에서는 '관칭'과 '관제'에 대하여, "본서
명 앞에 기재되어 있는 문구 중 총서명, 대등서명, 원서명, 저자명, 발
행지명, 회차, 권차 등을 제외하고는 전부 관칭이나 관제로 취급한다"
고 규정하고, 다시 "본서명앞에 기재되어 있는 문주가 본서명에 종속
되어 있을 때에는 이를 '관칭'으로 간주하고 원괄호로 묶어 본서명 앞
에 기술한다"고 규정하고 있다. 또한 "본서명 앞에 기재되어 있는 어
구가 본서명과 독립적일 때에는 '관제'로 간주하고 이를 주기사항에
'관제'라는 표출어를 앞세워 기술한다"(1.1라1)고 규정하고 있다. 이와
같이 관칭을 본서명의 앞에 변도로 기술하도록 규정한 것은 관칭의 형
식적인 측면을 충분히 고려하면서도, 본서명과의 구별을 분명히 할 수
있도록 배려하고 있는 것이다.[43] 그러므로 KORMARC기술규칙에서
는 '관칭'과 '관제'에 대한 규정이 KCR3에서의 그것에 비하여 합리적
으로 명확하게 규정된 것으로 판단된다.

셋째, KORMARC기술규칙의 '발행년'에 대한 '3.3사'항의 규정에
서, "당해출판물에 발행년이 나타나 있지 아니한 경우에는 판권년이
나 인쇄년을 그 자리에 기술하되 그것이 판권년 또는 인쇄년임을 알
리는 표시를…덧붙인다"고 규정하고 있다. 그런데 다시 '3.4나'에서
"인쇄년이나 판권년은 그 출판물의 표제지면, 판권지 및 그밖의 지
면에 나타나 있을 경우에도 기술하지 않는다. 단 발행년이 나타나
있지 않을 경우에는 인쇄년이나 판권년을 발행년 대신기술하는데,
이때 인쇄년 또는 판권년임을 나타내는 적절한 어구나 약어를 함께
기술한다"고 규정하고 있다. 이들 두조항은 동일한 내용이 서로 중

43) 오동근. 編目規則과 MARC포맷에 있어서 東洋資料의 書誌的 記述에 관
한 比較分析. 중앙대 박사학위논문, 1991. p. 112.

복되어 있는데 '3.3사'항의 규정이 더 간단명료하므로 '3.4나'항은 삭제해야 할 것이다.

넷째, KORMARC기술규칙에는 '서적번호'와 '구득조건'에 대한 규정이 마련되어 있지 않다.

그러므로, KCR3과 KORMARC기술규칙을 온라인 환경에 적합하도록 수정하고, 이미 개발된 연속간행물용, 비도서자료용 기술규칙도 온라인 환경에 적합하도록 수정 보완하여, 이들을 통합해서 하나의 표준화된 편목규칙으로 발전시켜야 할 것이다.

Ⅳ. 온라인 환경에서의 KCR3의 문제점

카드목록의 경우 KCR3에 있어서의 문제점에 대해서는 이미 제Ⅱ장에서 밝힌 바와 같다. 그러나 온라인 환경에서는 KCR3 뿐만 아니라 AACR2R에도 상당한 문제가 있다. 또한 AACR2R과 KCR3의 온라인 환경에 있어서의 문제점은 부분적으로 약간의 차이가 있을 뿐 거의 동일하므로 여기에서는 기술부에 대하여 AACR2R과 KCR3에 있어서의 문제를 함께 다루고자 한다.

제Ⅲ장에서 보는 바와 같이 Intner나 Boll이 제안한 AACR3이나, Attig가 제안한 AACR2-MARC나 Gorman이 제안한 HYPERMARC는 모두 현재의 AACR2R과 MARC를 대폭적으로 갱신하여 하나의 통합된 온라인편목규칙을 편찬하자는 제안이다. 그러나 이 두 가지의 규칙이 가까운 장래에 동시에 편찬되기는 어려울 것으로 보인다. 그 이유는, 첫째, Carpenter가 말한 바와 같이 목록기술에 대한 현재의 논의는 현행의 처리방식에 대한 불만을 나타내고 있지만, (전문가들은 아직) 그 불만에 대한 원인분석이나 변화에 대한 그들의 제안사항을 지원하기 위한 연구에 대비할 준비가 되어 있지 않기 때문이고,1) 둘째는 이두 가지의 규칙을 대폭적으로 개정하자면 그 작업량이 방대할 뿐만 아니라 많은 목록전문가와 컴퓨터전문가들의 협동작업이 필요하고, 많은 시간과 재정이 수반되어야 하기 때문이며, 셋째는 현재의 MARC가

---

1) M Carpenter. The Narrow, Rugged, Uninteresting Path Finally Becomes Interesting: A Review of Work in Descriptive Cataloging inh 1991 with Trail Marks for Further *Research*. *Library Resources & Technical Services*, Vol.36, No.3, 1992. p. 291.

AACR2를 기초로 해서 작성된 것처럼, AACR2R이 완전히 개정된 연후에야 이에 따라서 MARC가 다시 갱신될 수 있기 때문이다.

그러나, 제Ⅲ장에서 Tucker가 언급한 바와 같이, AACR2R에 대해서, 기본저록표목의 선택을 위한 규칙에서는 몇 가지의 조정이 있을 것이고, 서지적기술을 위한 규칙에서 약간 조정될 것이라고 한 점, 즉 Gorman 등이 말하는 대폭적인 개정이 아니라 소폭의 조정으로도 바람직한 갱신이 성취될 수 있다는 점을 주시하고자 한다.

그리하여 여기에서는 온라인환경에서 AACR2R의 기술부분의 규칙과 KCR3의 실제적인 문제점을 분석해 보고자 한다. 따라서 구두법과 약자의 문제, 청구기호의 문제, 서명저자사항의 문제, 주기사항의 문제, 표목지시사항의 문제 등으로 구분하여 이들의 순서대로 분석해 보고 개선 방안을 제시하고자 한다.

A. 구두법과 약자

Carpenter가 말한 '목록기술법에 있어서 현행의 처리방식에 대한 불만'은 구체적으로 제시되지 않았으나 그것은 분명히 이용자들의 불만이 아니라 목록편찬자들의 불만이고, 또한 현재의 AACR2나 MARC가 과거 약 20년 동안의 컴퓨터를 활용한 카드목록을 기초로 한 서지기술방식이 그대로 남아 있어서 이것이 이중적인 것이 되기 때문에 그 작업이 불편하고 불합리하다는 것이라고 판단된다.

그러나, 현재의 온라인목록에서 검색용 컴퓨터 화면에 나타나는 서지기술양식에 대해 이용자의 입장에서는 카드목록의 경우보다 훨씬 더 검색하기가 용이하고 이해하기 쉽기 때문에, 필요에 따라 카드목록 생산양식을 위한 프로그램만을 생략한다면 AACR2R이나 MARC는 상당히 간소화될 수 있을 것이므로 목록편찬자들의 불만

도 해소될 수 있을 것이다. 예를 들면, 컴퓨터에 입력된 기본데이터
를 카드양식으로 출력하면 다음의 (그림 1)과 같다.

Browning, Robert, 1812-1889.

821.8   Robert Browning's poetry / James F. Loucks. -

B885r Norton Critical ed. - New York London: W.W. Norton
& Company, Inc., c1979. - 604 p. ; 21 cm. - Includes
Index. - ISBN 0-393-09092-2

(그림 1) 서양서 일람용 카드의 예

이상에서 보는 바와 같이, 면목자의 입장에서 보면, 각 서지사항
을 기술할 때 쓰는 구두점, 즉 마침표·빈칸·붙임표·빈칸(. -)은
카드목록의 단점인 제한된 지면을 최대한으로 활용하기 위해서 각
서지사항을 행을 바꾸어 기술하지 않고 계속해서 기술할 때, 각 사
항을 구분짓기 위해서 사용된 구두점이다. 그러나, 이용자의 입장에
서 보면, 이 구두점을 이해하기 어려우며, 따라서 발행사항이나 형태
사항 등을 찾아서 판별하기가 쉽지 않다.

한편 온라인 목록의 경우, 이용자의 컴퓨터 화면에 나타나는 예는
다음의(그림 2)와 같다.

서명저자 Robert Browing's poetry / James F. Loucks.
판 사 항 Norton Critical edition
발행사항 New York London: W.W. Norton & Company, Inc., c1979.
형태사항 604 p. ; 21 cm.
서지주기 Includes Index.
Ⅰ S B N 0-393-09092-2
분류번호 KDC 821.8
         DDC 821.8
청구기호 821.8 B885r

(그림 2) 온라인 목록의 이용자 화면(서양서)

　이상과 같이, 온라인 목록의 이용자화면을 보면, 카드목록의 경우와는 다르게 각각의 서지기술사항 앞에 마침표·빈칸·붙임표·빈칸(. -)의 구두점이 없이 서지기술항목마다 기술사항명을 표시해주고, 사항마다 문단을 달리하여 기술하고 있어서 이용자들이 이해하는데 용이하게 되어 있다.

　그러므로 ISBD의 구두법 중에서 특히 마침표·빈칸·붙임표·빈칸(. -)의 구두점과 총서사항에서 사용되는 원괄호(( ))의 구두점은 카드목록에서는 필요하나 온라인 목록에서는 불필요하다는 것을 알 수가 있다.

　그러나, 기타의 구두점에 대해서 살펴보면, 각 사항의 항목들은 그 자체를 확인하여 구분지어주는 상징 또는 태그를 채용하고 있으므로2) 온라인 환경에서도 필요하다고 할 수 있다.

　그리고 Rowley는 "OPAC에 있어서 구두점은 검색에 있어서는 중요한 구실을 하지 못한다며 AACR2는 구두점에 많은 규칙과 페이지를 할애하고 있다"3)고, 구두점의 무용문을 주장하고 있는 것처럼 보이나, 그도 역시 "구두점은 브라우징에는 필요하다. 따라서 AACR2의 구두점에 관한 보다 간명한 안내지침서를 마련하여 좀 더 기본적인 원칙들을 제시하는 것이 훨씬 더 수월할 것이다"4)며, 구두점에 대해 절대적인 무용론을 제시하기 보다는 기존의 구두점에 대한 수정을 제시하고 있다.

　또한, Lubetzky는 "ISBD에 기호를 포함시킨 것은 컴퓨터와는 별도로 이용자를 위해서 저록에 커뮤니케이션문자를 빌려주는 것"5)이

---

2) Mary Piggott. *The Cataloguer's Way through AACR2: from document receipt to document retrieval*. London, The Library Association, 1990. p. 29.
3) J.E. Rowley. Towards AACR3: A Review of the Implication of OPACs for Cataloguing Codes and Practices. *Library Review*, Vol.38, No.3, 1989. p. 12.
4) Loc. cit.
5) Seymour Lubetzky. The Traditional Ideals of Cataloging and the New

라고 말하고 있다. 이것은 이용자가 자료의 서지적 내용을 파악하는
데 도움이 된다는 것을 의미한다.

이와 같이, 구두점의 기호는 이용자에게 무의미하며 레코드의 내
용을 모호하게 만드는 것이 아니라 오히려 이용자에게 정확한 서지
적 정보를 주는 하나의 약속 기호이다. 따라서 이 구두법은 국제기
구에서 신중한 검토를 거쳐서 규정된 것으로 의견상으로는 ISBD의
구두점을 그대로 유지하는 것이 바람직하다고 생각된다.

다만, ISBD의 구두점은 일반적인 관행과는 전혀 다르게 구두점을
모든 사항이나 세부사항의 앞에 둔다는 자체가 비논리적이다. 그러
므로 이를 논리적으로 합리화시키자면 콤마(,)와 피리어드(.)만을 구
두점으로 삼고, 나머지의 대등기호(=), 콜론(:), 사선(/), 세미콜
론(;), 앰퍼샌드(&) 및 더하기기호(+) 등의 기호는 모두 각 사항
이나 세부사항의 앞에 두는 것이기 때문에 전치기호(Precedence
code)라고 명명하는 것이 합리적일 것이다.

한편, 약자의 경우, 양서를 대상으로 하는 AACR2R은 edition이나
edited를 ed.로, revision이나 revised를 rev.로, compilation이나 compiled를
comp.로, translation이나 translated를 tr.로, illustration이나 illustrated를 ill.
로 기술하고 있는데 이러한 약자들은 규칙으로 규정한 것은 아니지만 관
례적으로 사용되고 있는 것이다. 그러나, 이들 약자들은 辭典에 여러 단어
의 약어로도 사용되고 있다. 예를 들면, ed.는 edition(판)이외에도
education(교육), editor(편집자) 등의 약자로도 사용되고, rev.는 revision
(개정)이외에도 revolution(혁명), revolving(회전하는), revenue(세입),
reverse(역, 반대) 등의 약자로. 사용되고 있으며, comp.는 compilation(편
집)이외에도 comparision(비교), composed(작곡가), composition(구성, 작
곡, 작문), compound(합성어) 등의 약자로 사용되고, tr.은 translation(번
역)이외에도 transport(운송), treasurer(회계원), transitive(타동사),

Revision, in *the Nature and Future of the Catalog*. edited by Maurice J.
Freedman and S. Michael Malinconico. Phoenix, Oryx Press, 1979. p. 158.

trustee(보관인) 등으로 사용되고 있다. 따라서 이 약자들은 사용자에 따라 혹 혼돈할 가능성도 있고, 더구나 일반적인 통용성이 별로 없기 때문에 이용자들이 쉽게 이해할 수가 없다.

이러한 약자들은 종래의 카드목록에서 카드의 지면을 절약하기 위해서 사용되었다고 볼 수 있다. 그러나 이제 온라인 목록에서는 이러한 스페이스의 제약을 받지 않음으로 일반적으로 통용되는 약자 이외에 이상과 같은 약자를 완전철자로 바꾸어 사용해야 할 것이다.

그러나 우리나라를 비롯한 동양서의 경우는 '개정판', '개정증보판', '편', '역' 또는 '옮김', '삽도' 등과 같이 단어의 길이가 짧아서 약자를 사용할 필요가 없었다. 따라서 본래대로 표기해도 별다른 문제가 없다.

B. 청구기호

Boll과 Carpenter가 제안한 미래의 편목규칙에 대한 내용에서, 기술적인 측면, 즉, AARC의 갱신으로 컴퓨터의 요구사항이나 조작하는 관례를 열거하는 규칙의 기술내용 중에는 청구기호의 위치도 온라인 환경에서는 규정지을 수 있다.

카드목록에서 좌측 맨 앞에 기술되었던 청구기호가 온라인목록에서는 위의(그림 2)에서 보는 바와 같이 기술사항의 맨 뒤에 기술되어 있다. 이것은 아주 합리적인 개선이다. 왜냐하면 목록이용자들의 검색 접근점은 저자나 서명이나 주제명 등으로서, 그 밑에 기술된 내용을 확인한 다음에야 그 자료가 필요하면 이를 청구하게 되는데, 이때 청구기호는 자료의 소재위치를 신속치 파악하는데 필요한 사항이므로, 청구기호를 맨 뒤에 기입하는 것이 타당한 순서라고 말할 수 있기 때문이다.

한편, 사무용으로 사용되고 편목업무에서 사용되는 온라인목록의
마스터파일의 화면 중에서 부호화정보필드 등 이른바 MARC에서의
고정장 필드를 제외한 화면을 보면 다음의 (그림 3)과 같다.

020	\$a0393090922%
056	\$a821.8\$23
082	\$a821.8\$220%
090	\$a821.8\$bB885r%
100 1	\$aBrowning, Robert, \$d1812-1889%
245 10	\$aRobert Browning's poetry /\$cJame F. Loucks.%
250	\$aNorton Critical ed.%
260	\$aNew York \$aLondon: \$bW. W. Norton & Company Inc., Scc1979.%
300	\$a604p. ;\$c21cm.%
504	\$aIncludes index.%
600 10	\$aBrowning, Robert\$xpoetic works%
700 1	\$aLoucks, James F.%
950 1	\$b \$ 15\$c(₩13000)

(그림 3) 온라인 목록의 마스터파일 화면

이상에서 본 온라인목록의 마스터파일 화면은 MARC에서의 고정
장 필드가 생략된 것인데도 상당히 복잡해 보인다. 그리고 이를 잘
살펴보면 여기에 기록된 순서와 내용이 카드목록에 있어서 기본저록
에 기록된 순서와 거의 동일함을 알 수가 있다.

위의 056에 기록된 것은 KDC번호, 082는 DDC번호, 090은 각
도서관의 자관 청구번호, 100은 기본표목, 245는 서명저자사항, 250
은 판사항, 260은 발행사항, 300은 형태사항, 600 '주제명 부출표목
－개인명'항목으로 개인명이 주제명 부출표목으로 채택될 경우에 기
술하고, 700은 '부출표목－개인명'항목으로 개인명이 부출표목으로
채택될 경우에 기술된다. 일반적으로 7XX는 주기사항에서 기술되는
내용을 표목으로 부출하기 위해서 다시 기술된다고 볼 수 있다. 950
은 가격표시이다.

이와 같이 MARC의 마스터파일 기본구조가 실제로 카드목록의 기본구조를 따르고 있기 때문에 전항에서 밝힌 바와 같이 MARC는 기본적으로 카드목록의 환경에서 카드생산을 위한 기계가독 편목포맷으로 개발된 것으로 온라인환경에는 잘 부합되지 않는다는 것이다.6)

그러므로, 이를 위에서 예시한 온라인 목록의 이용자화면에 부합되도록 하자면 우선 청구기호는 맨 뒤로 가도록 하고, 기본표목은 부출표목지시사항 바로 앞에 오도록 하는 것이 합리적이다. 왜냐하면, 이제 온라인 목록에서는 기본표목이든 부출표목이든 기술사항의 상부 맨 앞에 표출되는 것이 아니라 다만 검색의 접근점으로서의 가치를 가지기 때문이다. 그러나, 다만 기본표목은 그것이 도서기호의 대상이 되어 분류번호와 더불어 자료의 서가배열의 기준이 되기 때문에 표목지시사항 중에서 맨 앞에 오는 것이 합리적이다.

C. 서명저자사항

서명저자사항에서 우리나라(중국이나 일본의 경우도 마찬가지로)의 경우, AACR2R에서는 볼 수 없는 고유한 부분이 있다. 그것이 바로 서명 앞에 기재되어 있는 이른바 관칭 또는 관제이다. 그런데 이 관칭이나 관제에 대해서 KCR3와 KORMARC기술규칙 사이에는 상당한 차이를 보이고 있다. 이러한 규칙에 있어서의 차이는 카드목록에서 뿐만 아니라 MARC포맷상의 처리에 있어서도 그대로 적용됨으로써 목록의 기술과 표목의 통일에 상당한 혼란을 초래하고 있다.7)

---

6) Rahmatollah Fattahi. Anglo-American Cataloguing Rules in the Online Environment: A Literature Review. *Cataloging & Classification Quarterly*, Vol.20, No.2, 1995. p. 39.

7) Jeong Pil-mo and Oh Dong-geun. On the processing of Kwanching in the title of the East-Asian materials, *Cataloging & Classification*

우선 **KCR3**에서는 "관제"라는 낱말만을 사용하고 있는데 "관제는 본서명 앞의 기재물"이라고 규정하고, "본서명의 앞이나 위에 대등 서명, 부서명, 잡제, 권차나 회차나 년차, 저자표시, 판표시, 발행처, 총서명 및 그 밖의 어귀가 기재되어 있는 것은 각기 해당사항의 기 재위치에 옮겨 적는다"고 규정하고 다음과 같이 예시하고 있다.

<예시 1>
永遠한 韓國의 名作: 韓國短篇小說集
　(표제면에는: －韓國短篇小說集－
　　　　　　　永遠한 韓國의 名作)

<예시 2>
民法總則 / 郭潤直 著. － 全訂增補版
　(표제면에는: 全訂增補版
　　　　　民法總則 郭潤直 著)

그리고 이어서 "다만 두 요소 사이가 같은 활자크기로 같은 줄에 붙여쓰여져 있거나 수식적 어미나 전치사에 의해서 문법적으로 불가 분하게 한 덩어리로 연결되어 있을 때에는, 그 앞부분이 너무 장황 하거나 뒷부분이 고유성이 약한 낱말로 구성되어 있는 것이 아닌 한, 그 전체 덩어리를 본서명으로 본다. 古典籍의 新譯, 註解本으로 서 原書名 앞에 '諺解'·'國譯'·'新譯'·'新釋'·'譯註'·'譯解' 등의 어귀가 冠 記되어 있는 것은… 그 冠題까지 포함된 전체 덩어리를 그 版의 本 書名으로 보아 기재한다"고 규정하고 다음과 같이 예시하고 있다.8)

<예시 3>
增補文獻備考

Quarterly, Vol.12, No.2, 1990. pp. 83~104.
8) KCR3.1. p. 29.(1.1.1.5)

(으뜸정보원에: 增補文獻備考)

<예시 4>
國文版 논어
　　(표제면에는: 國文版
　　　　　　　　논　어)

이 규정은 좀 장황하고 명확하지 못한 부분이 있다. 그리고 바로 앞부분의 문항에서 "권차나 회차나 년차, 저자표시, 판표시 등은⋯ 각기 해당사항의 기재위치에 옮겨 적는다"고 규정하고 있는데, <예시 4>에서 '國文版'은 판의 일종으로 보아 판표시에 기재하는 것이 합리적이다.

한편 KORMARC기술규칙에서는 "본서명 앞에 기재되어 있는 문구 중 총서명, 대등서명, 원서명, 저자명, 발행지명, 회차, 권차 등을 제외하고는 전부 관칭이나 관제로 취급한다"고 규정하고 이들 각각에 대하여 다시 다음과 같이 규정하고 있다.

　　"관칭: 본서명 앞에 기재되어 있는 문구가 본서명에 종속되어 있을 때에는 이를 관칭으로 간주하고 원괄호로 묶어 본서명 앞에 기술한다."

　　"관제: 본서명 앞에 기재되어 있는 어구가 본서명과 독립적일 때에는 관제로 간주하고 이를 주기사항에 '관제: '라는 표출어를 앞세워 기술한다."

　　"어느 경우이건 관칭이나 관제를 포함시켜 표목으로 삼을 것인지 또는 아닌지의 여부를 결정하는 것은 목록작성자의 재량애 속한다. 단 검색의 완벽을 기하기 위해서는 포함된 서명과 포함되지 않은 서명 모두를 부출할 필요가 있다."9)

---

9) KORMARC 단행본용 기술규칙. 국립중앙도서관, 1991. p. 28.(관칭과 관제)

<예시 5>

(主觀式)鑑定評價理論

　주기사항에; 관제: 公認會計士 土地評價士 第二次試驗對備

　(표제면에는: 公認會計士 土地評價士 第二次試驗對備

主觀式

鑑定評價理論)

<예시 6>

(도로운송차량관계)법규 및 안전관리

　주기사항에; 관제: 자동차 검사 정비기사 기능사를 위한

　(표제면에는: 자동자 검사 정비기사 기능사를 위한

도로운송차량 관계 법규 및 안전관리)

　이상에서 보는 바와 같이, 관칭을 본서명의 앞에 별도로 기술하도록 하는 방법은 KORMARC기술규칙에서 채택하고 있는 것으로서 관칭의 형식적인 측면을 충분히 고려하면서도, 본서명과의 구변을 분명히 할 수 있도록 배려하고 있다는 것이다.[10) KORMARC기술규칙에서는 '관칭'과 '관제'에 대한 규칙이 KCR3에 비하여 합리적으로 명확하게 규정된 것으로 판단된다.

　다음으로 온라인 목록이 카드목록에 비해서 신속하고, 정확하다는 장점 이외에 이해하기에 용이하게 된 가장 큰 장점은 Bourne이 말한 바와 같이 "카드목록의 경우와는 달리 지면의 제한을 받지 않는다"[11)는 점이다. 그리하여 첫째로 서지기술을 사항별로 별도의 독립된 문단으로 기술할 수 있고, 각각의 문단 사이의 행간도 넓게 할 수 있다.

---

10) 오동근. 編目規則과 **MARC**포맷에 있어서 東洋資料의 書誌的 記述에 관한 比較分析. 중앙대 박사학위논문, 1991. p. 112.

11) Ross Bourne MARC: strait-jacket or opportunity, in *AACR, DDC, MARC and Friends: The Role of CIG in Bibliographic Control*, edited by John Byford, Keit V. Trickey and Susi Woodhouse. London, Library Association Publishing, 1993. p. 78.

이러한 점을 고려해 볼 때 서명저자사항에서 서명이나 부서명이나 여타서명정보나 대등서명 등의 기재방식에는 현재 문제되는 부분이 없다고 판단된다. 그러나 저자표시에서 여러 저자의 공저서의 경우 카드목록에서 지면의 제한 때문에 세 사람까지의 공저서에 한해서 기술사항에 기입하고, 네 사람 이상의 공저서는 그들 중에서 첫머리에 기재된 한 사람만 기입하고, 나머지 저자는 저자표시에서 생략하는 동시에 부출표목으로도 내주지 않았던 제한을 해제할 수 있다는 점이다.

예를 들면 AACR2R에서는 "만일 단일의 저자표시가 같은 기능을 수행하거나 혹은 동일한 수준의 저작성을 가지고 있는 4인 또는 4단체 이상이 기명되어 있으면, 그 저자들이나 단체들 중의 첫 번째 저자를 제외하고 모두 생략한다. 생략기호(…)로 생략을 나타내고, et al.(혹은 비로마체로서 동등하다는 표시)을 첨가하고 각괄호로 묶는다"[12]고 규정하고 다음과 같이 예시하고 있다.

America's radical right [GMD] / Raymond Wolfinger … [et al.]

Dickens 1970 [GMD]: centenary essays / by Walter Allen … [et al.]; edited by Michael Slater

AACR2R의 이러한 규정에 준해서 USMARC포맷에서도 저자표시(c Remainder of title page transcription/statement of responsibility)다음에 '반복불가표시(NR)'를 주어 저자 수를 제한하고 있다.[13]

한편 KCR3에서도 "(共著書의 著者表示) 標題面이나 版權記에 기재된 著者나 副次的役割의 著者가 … 넷 이상일 경우에는 그 첫著者

---

12) AACR2R. p. 25.(1.1F5)
13) *USMARC Format for Bibliographic Data Including Guidelines for Content Designation*. 1994 edition. Washington, Library of Congress, 1994. V.1.(245 Title statement)

또는 代表著者만 기재하고, 나머지 著者의 기재는 생략하여, 東書는 '외' (또는 '外')字를, 洋書는 석점줄임표(…)를 친 다음 'et al'을 각괄호([ ])로 묶어 표시한다"14)고 규정하고 다음과 같이 예시하고 있다.

建築計劃各論 / 金正秀 [外]著
　(표제면에는: 金正秀, 金熙春, 劉熙俊, 尹道根, 李廷德 共著)

또한 KORMARC기술규칙에서도 가) "동일한 저작역할을 한 저자가 4인 미만일 경우에는 활자의 크기나 기재 순서에 따라 차례로 기술하며, 4인 이상일 경우에는 첫 번째 저자만을 기술하고 그 이외의 저자는 생략부호를 표시하고'등저' 또는 그에 적절한 단어를 각괄호에 넣어 부가한다" 나) "여러 저자가 여러 가지 역할을 맡아 각기 구분되어 나타나는 경우에는(예: 원저자, 번역자, 편자, 해설자, 각색자 등이 나타날 때) 원저자명을 앞세워 기술하고, 나머지 저자명은 표제면과 판권지에 나타나는 활자의 크기나 기재위치의 순서에 따라 차례로 기술한다. 단 각각의 역할을 맡은 저자가 4인 이상일 때에는 가)에 따라 기술한다"15)고 규정하고 있다.

이상과 같은 경우 공저자이거나 공편자이거나 공역자이거나 그 저작에 대한 공헌자들은 모두 기재하는 것이 합리적이라고 판단된다. 본래 공서자나 공편자나 공역자는 세 사람까지만 기입한다는 기준은 불합리한 것으로 판단된다. 더구나 근래에는 공동연구나 공동저작이 많아지고, 특히 특정한 연구기관이나 대학의 각 학과의 창립기념논문집이나 주요한 학자들의 회갑, 정년, 또는 古稀기념논문집 등은 단행본으로서 다수의 논문이 수록되는데 이들 저작이나 논문들이 온라인 목록에서도 누락되고, 주로 주제별 저널을 대상으로 하는 색인이나 데이터베이스에서도 누락됨으로 결국 이러한 귀중한 자료들은 死

---

14) KCR3.1. p. 41.(1.1.5.9)
15) **KORMARC**: 단행본용 기술규칙. 국립중앙도서관, 1991. p. 66.

藏될 수밖에 없는 것이다.

목록의 기술사항에 있어서 과거에 이와 같이 저자의 수를 제한했던 이유는 우선 카드목록에 있어서 스페이스의 제한 때문이었고, 둘째는 여러 저자들을 모두 기술하고 이들을 모두 접근점이 될 수 있도록 부출카드를 작성해야만 하는 막대한 작업량 때문이었다고 추정된다. 그러나 온라인 환경에서는 스페이스의 제한을 받지 않고, 일단 입력만 하면 검색의 접근점은 자동생성되기 때문에 작업량도 크게 늘어나지 않는다.

그리하여 KORMARC포맷에서는 첫 번째 저자 다음에 "($e) 두 번째 이하저자"에서 저자수를 제한하지 않고 얼마든지 기입할 수 있도록 [반복]표시를 하고 있다.16) 이것은 크게 발전된 선견지명이 있는 규정이라고 판단되며, 따라서 KORMARC기술규칙과 KCR3 그리고 AACR2R과 USMARC도 서명저자사항에서 저자 수의 기술에 대한 제한을 풀어야 할 것이다.

다시 말하면, 네 사람 이상의 공저서의 경우도 저자명을 모두 자료에 쓰인 문자와 순서대로 기술사항에 기술해야 한다. 따라서 만약 KCR3의 1.1.5.9조항을 그대로 두고, 내용만 갱신한다면 다음과 같이 규정해야 할 것이다.

1.1.59 (共著書의 著者表示) 標題面이나 版權記에 기재된 著者나 副次的 役割의 著者數가 많을 경우에도 이들을 모두 자료에 쓰인 순서와 그 문자대로 저자표시에 기재한다.

---

16) 한국문헌자동화목록형식: 단행본용. 국립중앙도서관, 1993. p. 69.(245 서녕서사사항)

D. 주기사항

서명저자사항 다음의 판사항에 대해서는 온라인 환경에서도 특별히 문제되는 것이 없다. 다만 洋書의 경우 이미 앞에서 언급한대로 edition을 ed., revised edition을 rev. ed., compiled를 comp. 등으로 약자를 쓰던 것을 완전철자로 써야한다는 점이다.

다음으로 발행사항에서도 특별히 문제되는 것은 없으나 온라인 환경에서는 역시 스페이스의 제약을 받지 않으므로 현재 서양서의 경우 예를 들면 지명이나 회사명등에서 New Jwesey를 N.J., Company를 Co. 등으로 약자를 사용하지 않는 것이 바람직하다.

형태사항, 총서사항, 서적번호 구득조건사항 등에 있어서는 더욱 문제가 되는 것이 없는 것으로 보인다.

주기사항의 경우 일반주기에 있어서는 문제되는 것이 발견되지 않으나 목차주기에 있어서 약간의 문제가 있다. 예를 들면 우선 AACR2R의 목차주기를 보면 "나머지의 기술에 의해서 표현되지 않는 자료의 존재를 나타내기 위해서 혹은 특별히 중요한 항목을 강조하기 위해서 혹은 한 전집이나 여러 章으로 이루어진 자료(multipart item)의 목차를 열거하기 위해서 필요하다고 생각되면, 선택적이거나 혹은 전체적이거나 한 자료의 목차를 열거한다"[17]고 규정하고 있다. 이에 대한 몇 가지 예시중에 두 가지만 제시하면 다음과 같다.

<예시 1>

Contents: Vol.1. Plain tales from the hills. - v.2-3. Soldiers three and military tales. - v.4. In black and white. - v.5. The phantom 'rickshaw and other stories.. - v.6. Under the deodars.
The story of the Gadsbys. Wee Willie Winkie.

---

17) AACR2R. p. 83.(2.7b18)

<예시 2>

Contents: Love and peril / the Marquis of Lorne - To be or not to be / Mrs. Alexander - The melancholy hussar / Thoms Hardy

이상의 <예시 1>은 총서의 내용주기에 대한 예이고, <예시 2>는 단행본의 주요목차를 열거한 예이다. 이와 같이 AACR2R에서는 단행본의 주요 목차를 열거할 수 있도록 규정하고 있는 것이다.

또한 KCR3에서는 '收錄著作의 目次에 관한 주기'를 보면 "그 도서가 두 개 이상의 저작을 綜合書名 또는 代表書名 아래 수록하고 있는 것은 그 저작들의 전체 또는 중요한 것 또는 선발된 부분의 內譯을 … 주기한다 … 篇章의 제목에 대한 目次를 주기할 필요가 있을 경우에도 위의 규정에 준한다"18)고 규정하고 있다. 이에 대한 예시중에 두 가지만 들면 다음과 같다.

<예시 3: 湖岩全集의 目次>
목자: 1. 文學·藝術史. 2-3: 學術·思想·宗敎史(上, 下). 4-5: 科學·技術史(上, 下). 6: 政治·經濟史. 7-8: 文化運動·民族抗爭史(上, 下)

<예시 4: [燕巖選集]의 목자>
목차: 고래: 꽃잎을 먹고사는 機關車 / 任熙宰. 歸鄕: 空想 / 車凡錫. 어느날의 幻想 灰色의 크리스머스 / 河有祥. 帽子 家族 / 李容燦. 聖夜의 曲; 寒風地帶 / 朱萍.

이상의 <예시 3>은 총서의 내용 목차를 주기한 것이고, <예시 4>는 단행본에 대한 목차를 주기한 예이다. 이와 같이 KCR3에서도 단행본의 篇章의 제목에 대한 목차도 주기할 수 있도록 규정하고 있다.

그러나, KORMARC기술규칙에서 내용주기를 보면 "내용주기는 종합서명이나 총서명이 기입의 본제로 기술되었을 때 각각의 개변서

---

18) KCR3.1. pp. 81-82.(1.6.3.17)

명과 저작사항은 내용(내용:)이라는 표출어를 앞세워 기술한다"[19]
고 규정하고 있다. 이에 대한 예시는 <예시 3>의 경우와 유사하다.
다시 말하면 KORMARC기술규칙에서는 총서나 전집에 대해서만 내
용주기를 주도록 규정하고, 단행본도서의 篇, 章이나 단행본 논문집
의 내용주기에 대한 규정은 없다. 그러나 이것은 KORMARC기술규
칙의 "6.7 내용주기"에서 '단행본도서의 篇, 章이나 단행본의 논문
집'이라는 문구만 삽입한다면 간단히 갱신될 수 있을 것이다.

한편 USMARC포맷에 있어서 505 서브필드의 '내용주기'에 보면
"서브필드 ‡a는 제2지시자가 b(Basic)일 경우 완전한 것이든 불완
전한 것이든 혹은 부분적인 것이든 내용주기를 수용한다"[20]고 규정
하고 다음과 같이 예시한다.

<예시 5>

505 0b ‡ aFuture Land use plan-Recommended capital improvements-
Existing land use-Existing zoning.

<예시 6>

505 0b ‡ aArea l, Lone Pine to Big Pine-Area 2, Bishop to
Mammoth Lakes-Area 3, June Lake to Bridgeport-Area 4,
White Mountains area.

위의 <예시 5>는 단행본의 章을 열거한 것이고, <예시 6>은 작은
전집의 분야별 서명을 열거하고 있는 것이다. 이와 같이 USMARC
포맷에서는 전집이나 총서의 경우는 물론 단행본의 목차도 제한 없
이 일거할 수 있도록 규정하고 있다.

---

19) **KORMARC: 단행본용 기술규칙.** 국립중앙도서관, 1991. p. 153.(6.7 내용
주기)

20) *USMARC Format for Bibliographic* Data 1994 Edition. Washington, Library
of Congress, 1994. Vol.2. p. 3.

그러나 KORMARC포맷의 '505 내용주기'를 보면 "$b - 완전한 내용주기: 전집이나 총서가 완질로 입력되는 경우", "$b - 불완전한 내용주기: 전집이나 총서 중에서 일부분이 입력되는 경우"21)라고 규정하고, 다음과 같이 예시하고 있다.

<예시 7>

505 bb $a겨울의 幻 / 김채원.- 그리운 거인들 / 김만옥. - 얼음벽의 풀 / 김향숙. - 어느 무정부주의자의 하루 / 최수철. - 멀고먼 해후 / 김영현. - 비둘기는 집으로 돌아온다 / 고원정. - 복원되지 못한 것들을 위하여 / 박완서. - 破虜湖 / 오정희

<예시 8>

505 bb $b1. 사랑 / 이광수 저. - 2, 운현궁의 봄 / 김동인 저. - 3, 삼대 / 염상섭 저

위의 <예시 7>은 한 전집에 포합된 작품목차를 일거한 것으로서 완전한 내용주기의 경우이고, <예시 8>은 한 전집이나 총서 중 일부분만 입력된 것으로 불완전한 내용주기의 경우이다. 이와 같이 KORMARC포맷에서는 전집이나 총서의 경우만 내용목차를 열거할 수 있도록 규정하고 단행본의 목차에 대해서는 규정이 없다.:그러나 이 문제도 KORMARC포맷의 '505 내용주기'에서 $a에 '단행본도서의 篇, 章이나 단행본의 논문집'이라는 문구만 삽입한다면 간단히 갱신될 수 있다.

사실상 종래의 카드목록의 환경에서는 전집이든 단행본이든 내용목차를 모두 주기한다 하더라도 그것은 사무용목록에서만 여러 장의 카드에 연결해서 목차를 열거하고, 이용가의 열람목록에서는 하나의 표목 하에 한 장씩만 배열됨으로 스페이스의 제약 때문에 내용 목차

---

21) 한국문헌자동화목록형식. 국립중앙도서관, 1993. p. 87. (505 내용주기)

를 열거할 수가 없었다.

그러나 이제 온라인 환경에서는 스페이스의 제약을 받지 않으므로, 전집이든 총서이든 또는 단행본이든 주요한 목차를 모두 열거해서 이용자들의 상세정보 화면에 출현되도록 한다면 이용자들이 더욱 변리할 것이다. 또한 목차를 열거하는 방법에 있어서도 이상에서 예시한 것들은 스페이스를 절약하기 위해서 모두 이어 부쳐서 보기에도 불편하다. 그러므로 온라인 환경에서는 권차별, 장별, 혹은 항목별로 행을 달리하여 열거하는 것이 더욱 보기에 편리할 것이다. 하나의 예를 들면, 開文社에서 1990년에 발행된 國語意味論은 표제지에는 5인공저로서 인명을 漢字로 표기하고 있는데 목차에서 보면 12명이 분담집필한 저작이다. 그러나 이들 중 세 사람은 두 항목씩 집필하여 항목수는 모두 15개의 항목이다. 이를 현재의 KORMARC 기술규칙에 준해서 기술하면 다음과 같이 기술될 것이다.

서명저자 國語意味論/李庸周 [외]저.
발행사항 서울 開文社, 1990.
형태사항 411p. 22cm..

이상에서 보는 바와 같이 내용목차가 나타나지 않은 목록정보로서는 실제로 책의 목차를 훑어보기 전에는 國語意味論에 어떠한 내용이 수록되어 있는지 알 수가 없다.

그러나 이를 온라인 환경을 전제로 한 새로운 편목규칙에 준해서 면목한다면 이용자의 상세 화면에도 다음과 같이 내용이 생성될 것이므로 이용자는 책을 직접 보지 않고도 그 내용목차를 알 수 있다.

서명저자   國語意味論/ 李庸周, 朴甲洙, 李奭周, 李周行, 朴景賢 공저.
발행사항   서울 開文社, 1990.
형태사항   411p.; 22cm
내용주기   언어의 위상/이용주.
　　　　　언어의 감화적 표현 / 박갑수.
　　　　　반의어의 특성 / 이석주.
　　　　　명사화 접미 형태소의 기능 / 이석주.
　　　　　의존명사의 의미 / 이주행.
　　　　　어미의 의미 / 이주행.
　　　　　명사 복합형의 기능과 의미 구조 / 박경현.
　　　　　의미와 의미연구의 위치정립 / 신현숙.
　　　　　장(場)이론과 의미 연구 / 신현숙.
　　　　　개념적 의미와 정보 / 장경희.
　　　　　의문사의 의미 / 김광해.
　　　　　색채어의 특성 / 이필영.
　　　　　고유어와 한자어의 특성 / 이광정.
　　　　　시제와 상의 의미 / 김희온.

(그림 4) 온라인 환경에서 여러 저자의 분담표시의 예

그리고 이 내용주기는 모두 접근점이 될 수 있도록 표목지시사항에서 '저자명－논제', 그리고 '논제 / 저자명'의 표목지시를 해야 한다. 그러나 번역자나 개정자나 삽도자 등 이른바 제2차의 저자에 대해서는 현행의 규칙에 따르는 것이 유용할 것이다.

한편, 온라인 환경에서 이용자에게 다양한 접근점 및 정확한 문헌 제공을 위한 한 방법으로, 단일 저자의 단행본에서도 목차주기를 제공해 주는 방법에 대한 주기내용이다. 예를 들면, 螢雪出版社에서 1938년에 발행된 國民倫理는 표제지의 서명에서 알 수 있듯이 목차나 서문 등을 읽지 않고서는 자세한 세부 주제를 알기가 무척 어렵게 되어 있다. 이를 현재의 KORMARC에 준해서 기술하면 다음과 같이 기술될 것이다.

서명저자 國民倫理/韓國國民倫理學會編.
발행사항 서울: 螢雪出版社, 1988.
형태사항 605p.; 23cm.

그러나, 이를 온라인 환경을 전제로 한 새로운 규칙에 준해서 편목한다면 다음의 (그림 5)와 같이 기술하게 될 것이다.

서명저자 國民倫理/韓國國民倫理學會編.
발행사항 서울: 螢雪出版社, 1988.
형태사항 605p.; 23cm.
목차주기 국민윤리의 의의와 과제
　　　　　인간의 사회와 윤리한국의 전통사상
　　　　　민주적 생활과 윤리
　　　　　경제와 윤리
　　　　　민족의 역사적 과제
　　　　　이데올로기란 무엇인가
　　　　　민주주의의 이론과 실제
　　　　　공산주의 교의와 현실
　　　　　마르크스주의의 현대적 변용
　　　　　북한의 공산주의
　　　　　분단국북과 민족의 번영

(그림 5) 온라인 환경에서 목차주기의 예

따라서 이 목차주기는 도서 검색 시 브라우징 될 수 있도록 주기사항의 기술순서에서 일반주기 다음에 목차주기를 기재하여야 할 것이다.

E. 표목지시사항

AACR2R에는 표목지시사항에 대한 규칙이 없이 다만 LC의 실무적인 관행에 따르고 있다. 그리고 AACR2R은 현재도 기본저록개념

을 유지하고 있어서 기본표목은 이미 표출되어 있으므로 다만 부출
표목만을 지시하고 있는데 그 순서는 대략 주제명, 분류번호, 저자,
서명 등의 순이다.

한편 KCR3에는 '標目올림指示'라는 별도의 장이 마련되어 있으
나, 표목의 선정이나 그 형식을 규정하는 '표목부'에 대한 규칙이 없
으므로 이에 대한 규칙을 조속히 마련해야 할 것이다.

종래의 카드목록에 있어서 정필모 교수는 '무표목 단위카드 시스
템'을 제안하면서 '단위카드를 작성하여 필요한 수만큼 복사한 다음
기본표목이나 부출표목이나 분출표목이나 각각 모두 일정한 위치에
기재해야 한다'고 주장하고,22) "표목지시는 맨 먼저 기본표목을 기
재하고, 기타의 표목은 그 요소가 기술부에 적힌 순서대로. 기재하
며, 그 뒤에 주제표목 혹은 분류번호를 기재한다"23)고 설명하였다.

그러나 온라인 목록에서는 카드목록의 경우와는 달리 이용자들은
기본표목이든 부출표목이든 분출표목이든 각각의 접근점을 통해서 우
선 간략정보를 검색해 보고, 간략정보 중에서 필요한 상세정보를 선택
하게 된다. 따라서 온라인 환경에서는 목록의 상세정보화면에는 기본
표목이 표출되는 것이 바람직하다. 더구나 기본표목은 도서기호의 대
상이 되고, 동시에 분류번호와 함께 자료의 서가배열의 기준이 되기
때문에 사진가술자항의 상단 첫머리에 기재하는 것이 유용하다.

현재까지 기본표목(main entry)의 존폐 여부에 대한 논란이 많았으
나24) 아직도 AACR2R이나 USMARC에서 'main entry'방식을 유지
하고 있는 것은 상당한 이유가 있다고 판단된다. 따라서 온라인 환경
에서는 표목지시사항은 마스터파일에 한하는 것이지만 위의 B절 (그
림 3)에서 보는 바와 같이 현재 표목지시사항에는 부출지시사항만 열

22) Jeong Pil Mo. On the Format of Catalog Entry. in: *Proceedings of the
    Second Asian Pacific Conference on Llibrary Science*. Seoul, 1985.
23) 鄭駜謨. 目錄組織論. 改訂增補版. 서울, 九美貿易出版部, 1993. p. 83.
24) Trevor Fawcett. Anglo-American Cataloguing Rules, 2nd ed.: a review
    article. *Art Libraries Journal Summer*, 1979. p. 23.

거되고 있고, 기본표목은 저록의 맨 앞 100의 자리에 기술되어 있다.

그러므로 새로운 한국편목규칙에서는 기본표목에 관한 한 **AACR2R**
과 **USMARC**의 방식에 따라야 할 것이다. 다만 표목지시 방법은 우선
부출표목을 그 요소가 기술부에 적힌 순서대로 기재하고, 그 뒤에 주제
표목 혹은 분류번호를 기재하며, 분출표목이 필요할 경우는 내용주기
에 기재된 사항이 접근점이 되도록 기술적으로 조작하면 될 것이다.

종래의 카드목록의 환경에서는 부출표목이나 분출표목이 많아지면
많아지는 만큼, 즉 접근점이 많아지는 만큼, 저록의 카드가 엄청나게
늘어나기 때문에 4인 이상의 공저서의 경우 기술사항에서 뿐만 아니
라 부출과 분출을 제한했던 것이라고 볼 수 있다. 그러나 온라인 환
경에서는 일단 한 저록에 대한 마스터파일만 작성되면 표목의 수가
아무리 많아져도 카드목록의 경우처럼 저록의 카드(파일의 양)가 증
가하지 않는다는 특성이 있기 때문에 이것이 뚜렷한 장점이라고 말
할 수 있다.

V. KCR3과 기술규칙의 문제점에 대한 검증

이 장의 A절에서는 국내에 있어서의 온라인 열람목록의 현황을 분석하고, B절에서는 제Ⅳ장에서 제시한 KCR3의 개선방안에 대한 타당성 여부를 도서관의 전문사서들과 대학도서관의 이용자들에 대해 실문조사를 실시하여 검증하고자 한다.

A. 국내 온라인 열람목록의 현황 분석

1. 온라인 열람목록의 출현과 발전

도서관 자료의 증가, 이용자들의 보다 편리한 검색 시스템에 대한 요구, 새로운 정보 축적 매체의 출현 등이 원인이 되어 목록의 형태는 전자매체에 의한 MARC형태의 목록으로 변환되었다. 즉, MARC의 개발로 서지레코드가 기계가독형으로 전환되고, 과도적 현상으로 이를 카드목록으로 출력하여 사용할 수도 있으며, 이용자의 직접 접근을 위하여 제공되게 한 것이 온라인 일람목록(Online Public Access Catalog: 이하 OPAC)이다.[1]

C.R Hildreth는 "ALA의 1980년 연차회의에서 '온라인 대출시스템의 일람목록으로서의 가능성'이란 프로그램이 진행되면서 도서관의 관심이 OPAC에 집중된 1930년을 OPAC시대의 시작이며 도서

---

1) 도태현. OPAC의 영향과 과제.. 도서관, 제51권, 제2호, 1996년, 여름. p. 77.

관 자동화의 새로운 전환점으로 설정한다"2)라고 언급하였다.

小林眞理는 'OPAC은 그 자체를 목적으로 해서 의도적으로 생겨난 것이 아니고 기계가독 서지레코드(MARC)를 이용하여 카드나 COM (Computer output microfiche)을 출력했던 것을, 서지레코드가 직접 이용자에게 검색될 수 있도록 한 MARC의 부산물이다'3)라고 했다.

초기 OPAC은 카드목록의 기능을 답습한 기계가독목록, 즉 형태만 다른 종래의 카드목록이었다. 이렇게 시작된 OPAC은 정보검색시스템들의 새로운 정보검색 방법들이 도입된 OPAC으로 발전되어 왔다. 즉 전통적으로 이루어져왔던 저자, 서명, 주제에 의한 목록검색방식으로부터 탈피하여 키워드의 이용, 불리언 논리의 적용 등을 포함하는 정보검색기법들이 적용되기 시작하는 OPAC시스템들이 크게 늘어나게 되었다.

OPAC은 전통적 목록의 개념을 획기적으로 전환한 도서관 서지도구 중의 하나라고 할 수 있다. 도서관 상호협력이나 자료 공유의 가능성이 OPAC으로 인하여 현실로 다가올 수 있게 되었고, 검색 장소의 제약 및 검색능력의 제한이 획기적으로 개선될 수 있게 되었다.

따라서 "도서관에서 가드 목록을 종결할 때, OPAC은 도서관 이용의 기본도구로 간주되어야 한다"4)는 Besty Baker의 주장대로 OPAC이 도서관에서 필수적인 이용자 열람목록으로 자리잡아 가고 있다.

OPAC은 이용자가 직접 접근하여 원하는 정보를 탐색할 수 있는 전통적인이용자 열람 목록의 기능과 온라인 탐색기능을 갖춘 목록이다. 이러한 OPAC은 컴퓨터의 도입과 목록정보를 전자기록매체에

---

2) Charles R. Hildreth. Online Public Access Catalogs. in M. E. Williams. ed. *Annual Review of Information Science and Technology*, vol.20, 1985. pp. 236~237.
3) 小林眞理. ィギリスの大學圖書館におけるOPAC. 情報の科學と技術, 第41卷 6號, 1991. p. 490.
4) Betsy Baker. A New Direction for Online Catalog *Instruction. Information Technology and Libraries*, Vol 5, No.1, 1986. p. 36.

수록할 수 있게 됨으로써 도서관이라는 물리적 공간에서 이용하는 것보다, 도서관 외부에서 접근하는 것이 중심이 될 것이다. 따라서 桂啓壯은 '목록은 어디까지나 정보를 얻기 위한 수단이지만, 필요불가결한 것이다. 목록이 사라져 간다가 아니라 점점 더 가상화 될 것이다'5)라고 하였다. 전자통신기술의 도입으로 시간과 공간의 제약을 받지 않고 이용자들이 원하는 목록정보에 접근이 가능하게 됨으로써 목록발전은 발전은 더욱 진전되게 되었다.

이러한 OPAC시스템에 대한 정보기술의 지원과 이용자들의 선호는 OPAC의 확장과 기능적 개선을 촉구하는 요인이 되어 보다 우수하고 이상적인 OPAC의 출현을 예상하게 하고 있다.

이와 같이 세계적으로 OPAC의 역사는 17년에 불과하지만 발전의 폭은 대단히 커서 초기의 시스템과 현재의 시스템 간에는 접근점, 접근방법 및 탐색기법과 이용자와 시스템간의 상호작용 커뮤니케이션에 이르기까지 큰 차이를 보이고 있다.

B. 국내 OPAC시스템의 비교 분석

1. 국내 OPAC의 현황

1995년 12월 31일을 기준으로 조사한 우리나라의 도서관 전산화 현황은 다음의 <표 5>와 같다.6)

---

5) 桂啓壯. OPACの變容: 歐米の動向を中心にして 現代の圖書館, Vol.33, No.4, 1995, p. 271.
6) 韓國圖書館協會. 한국도서관통계 1996. 서울, 韓國圖書館協會, 1997. p. 160.

<표 5> 도서관 전산화 조사 현황

(단위: 기관수)

구 분	조사대상	접 수		전 산 화	
		도서관수	비율(%)	도서관수	비율(%)
공공도서관	316	238	75	220	70
대학도서관	391	230	58	223	57
전문·특수도서관	824	191	23	182	22
계	1,531	659	43	625	41

이상의 <표 5>에서 보는 바와 같이, 우리나라의 도서관은 조사대상 1,531개의 도서관 중 220개의 공공도서관, 223개의 대학도서관, 182개의 전문·특수도서관 등 625개 도서관에서 어떠한 소프트웨어를 운용하든지 간에 전산화가 이루어지고 있다.

한편, 1997년 8월 19일 현재 기초과학지원연구소[7] 학술정보실에 Web OPAC을 이용하여 등록된 기관은 모두 138개 기관이다. 이들 기관에서 이용되고 있는 도서관 전산 소프트웨어의 현황은 다음의 <표 6>과 같다.[8]

---

7) URL http:// biblio.kbsi.re.kr
8) 韓國圖書館協會. 한국도서관통계 1996, 서울, 韓國圖書館協會, 1997. p. 162.

<표 6> 국내에서 사용되는 소프트웨어 현황

(단위: 기관수)

구　분	공공 도서관	대학 도서관	전문, 특수 도서관	계	개발기관	비고
KOLAS(PC용)	156	61	68	285	국립중앙도서관	
KOLAS(UNIX용)	23	7	1	31	국립중앙도서관	
4L	0	3	1	4	라이브텍	
AIMS	0	9	0	9	코아정보시스템	
LIBRARIAN-PLUS	4	8	5	17	라이브텍	
LINNET	0	17	1	18	포항공과대학교	MARC적용
MAE(PC용)	32	45	14	91	경일시스템	
OROM	1	7	20	28	오름컴퓨터	
SOLARS	0	17	0	17	서울대, 한컴	
Vintage-LAS	0	15	2	17	삼보정보시스템	
ELIS	0	1	0	1	이화여자대학교	
BOOK	2	0	15	17	총무처	MARC미적용
FILES-V	0	0	5	5	한국기업전산원	
기타	2	33	50	85	자체개발 등	
계	220	223	182	625		

위의 <표 6>에서 보는 바와 같이 국내에서 이용되고 있는 여러 종류의 소프트웨어 중에서 특히 대학도서관에서 MARC를 적용하여 운용 중인 소프트웨어는 KOLAS를 비롯하여 AIMS, LIBRARIAN- PLUS, lINNET, MAE, OROM, SOLARS, Vintage-LAS 및 이화여자대학교에서 개발한 ELIS 등이 있다. 반면에 MARC를 적용하지 않는 소프트웨어는 전문, 특수도서관에서 사용하는 BOOK과 FILES-V가 있다.

2. 분석대상 시스템 개요

국내의 대학도서관에서 현재 인터넷의 웹(Web)으로 운용되고 있는 OPAC시스템 중에서 대표적인 시스템을 하나씩 선정하여, 이용자에게

제공되는 OPAC에서 상세정보를 비교 분석하고 기술부의 문제점을 개
선하여 OPAC시스템의 표준화를 위한 기초 자료를 제공하고자 한다.

우선 여기에서는 각각 다른 Web OPAC시스템을 사용하고 있는
대표적인 시스템으로서 국립중앙도서관에서 개발한 KOLAS와 대학
도서관에서 주로 많이 사용하고 있는 (주)삼보에서 개발한 Vintage
LAS시스템(전남대학교 도서관에서 사용), 서울대학교와 한국컴퓨터
(주)에서 개발한 SOLARS시스템(경북대학교 도서관에서 사용), (주)
코아 정보에서 개발한 AIMS시스템(숙명여자대학교 도서관에서 사
용), 포항공과대학교에서 개발한 LINNET시스템(영남대학교 도서관
에서 사용), 오름컴퓨터에서 개발한 OROM시스템(한남대학교 도서
관에서 사용) 및 이화여자대학교에서 자체개발한 ELIS 등을 분석대
상시스템으로 선정하였다.

이와 같이 선정원 7개 시스템에 대해서는 연구자가 직접 각 시스
템을 인터넷의 웹(Web)에서 접속하여 필요한 자료에 대한 상세정보
를 출력하고 각각 비교 분석하였다.

3. 서지정보의 출력

이상에서 선정된 7개 시스템에서 비교 분석할 단행본 도서의 서지기술
사항을 카드목록 형태로 기술한 바 다음의 (그림 6) 및 (그림 7)과 같다.

(客觀式)民事訴訟法 / 宋喜燮, 鄭基敦 共編著. —第4版.—
서울: 三英社, 1992.—
476 p.; 23cm.

관제: 法院職試驗準備書
권말에 종합문제 수록

(그림 6) 카드목록형태로 기술한 단행본의 서지사항(1)

(客觀式)行政學 / 金圭定 著. − 第3全訂版. −
서울: 法文社, 1996. −
861. p.; 25cm. − (行政學叢書)
ISBN: 89-18-02092-9

(그림 7) 카드목록형태로 기술한 단행본의 서지사항(2)

다음의 (그림 8)과 (그림 9)는 위의 (그림 6)과 (그림 7)의 내용과
동일한 서지정보를 각각 국립중앙도서관의 KOLAS에 의한 OPAC
에서 출력한 상세정보 화면이다.

도서구분: 단행본   검색순번: 1 / 1
검색어: (fn＝민사소송법)
서명/저자 (客觀式)民事訴訟法 / 鄭基敦; 宋喜變 [共]編著
판사항   第4版
발행사상   서울: 三英社, 1992
형태사항   476p.; 23cm
일반주기   권말에 "종합문제" 수록
분류기호   KDC − 367.5076, DDC − 347.0076
국립중앙도서관청구기호 367.5076−정164ㅁ

(그림 8) 국립중앙도서관의 KOLAS에 의한 상세정보의 OPAC화면

도서구분: 단행본   검색순번: 1 / 1
검색어: (au＝김규정)/[1996-1996]
서명/저자 (客觀式)行政學/金圭定 著
판사항   第三全訂版
발행사항   서울: 法文社, 1996
형태사항   861p.; 25cm
총서사항   行政學叢書
ISBN   89-18-02092-9 93350
분류기호   KDC-350.076, DDC-350.00076
분류중앙도서관청구기호 350.076-김241ㅎ-1996

(그림 9) 국립중앙도서관의 KOLAS에 의한 상세정보의 OPAC화면

다음의 (그림 10)은 한 단행본 도서에 대한 서지정보를 경북대학교의 SOLARS에 의하여 ORAC으로 출력한 화면이다.

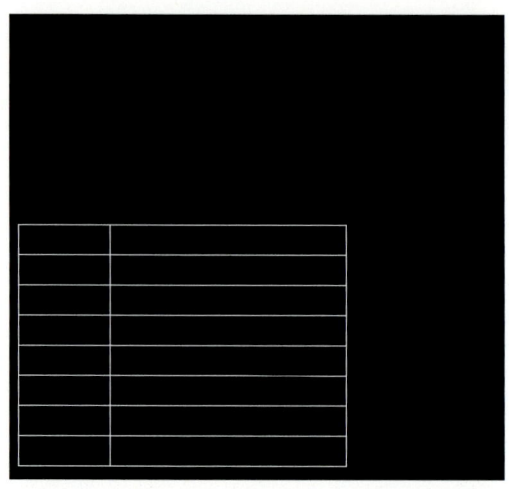

(그림 10) 경북대 도서관의 SOLARS에 의한 상세정보의 OPAC화면

다음의 (그림 11)은 (그림 10)과 동일한 서지정보를 이화여자대학교의 ELIS에 의하여 OPAC으로 출력한 화면이다.

등록번호 10456786
분류기호 350.00076 김17ㅎ 1996
저자명 金圭定 著
서명 (客觀式)行政學
판표시 第三全訂版
출판사항 서울: 法文社.1996
형태사항 861p.; 25cm
언어 KOR
ISBN 8918020929
총서명 行政學叢書

(그림 11) 이화여대 도서관의 ELIS에 의한 상세정보의 ORAC화면

다음의 (그림 12)는 한 단행본 도서에 대한 서지정보를 숙명여자
대학교 도서관의 AIMS에 의하여 OPAC으로 출력한 화면이다.

■ 목록검색 ― 상세정보

서명저자: (客觀式)民事訴訟法 / 鄭基敦 編著
판   차: 第4版
출 판 사: 서울: 三英社, 1992
형   태: 476p. / 23cm
언   어: kor
저 자 명: 정기돈
분류기호: 348.172076
최종갱신: [cmj] 1996/10/02--15:41:35

도서관명	소장위치	등록번호	청구기호	자료현황	반납예정일
AM00	362923	348.172076	정기돈 민e4	열람비치	
AM00	362923	348.172076	정기돈 민e4c	열람비치	

(그림 12) 숙명여대 도서관의 AIMS에 의한 상시정보의 OPAC화면

다음의 (그림 13)은 한 단행본 도서에 대한 서기정보를 영남대학
교 도서관의 LINNET에 의하여 OPAC으로 출력한 화면이다.

[목록번호] 259939   Record 12 of 27
서명저자: (객관식) 行政法 / 金圭定 著
판차사항: 第三全訂版
출판사항: 서울: 法文社, 1996
형태사항: 861 p.; 26cm
총 서 명: 行政學叢書
I S B N: 89-18-02092-9
청구기호: 350.076ㄱ674ㅎ3-1996

등록번호	Volume	소 장 위 치	유형 및 기간	예약
Y0803024		(중)개가자료실	이용가능	
Y0803025	C2	(중)개가자료실	대출중(970820-970903)	
Y0803026	C3	(중)개가자료실	이용가능	

(그림 13) 영남대 도서관의 LINNET에 의한 상세정보의 OPAC화면

다음의 (그림 14)는 한 단행본 도서에 대한 서지정보를 전남대학
교 도서관의 Vintage LAS에 의하여 OPAC으로 출력한 화면이다.

청구기호	347.9076 정19ㅁ4
등록번호	455233 455234 455235 3
서명	(客觀式)民事訴訟法 / 鄭基敦, 宋喜燮 共編.
판차	第4版.
출판사항	서울: 三英社, 1992.
형태사항	형태사항 476p.; 23cm.
저자(인명)	송희섭
저자(인명)	정기돈
다른서명	민사소송법

(그림 14) 전남대 도서관의 Vintage LAS에 의한 상세정보의 OPAC화면

다음의 (그림 15)는 한 단행본 도서에 대한 서지정보를 한남대학
교 도서관의 OROM에 의하여 OPAC으로 출력한 화면이다.

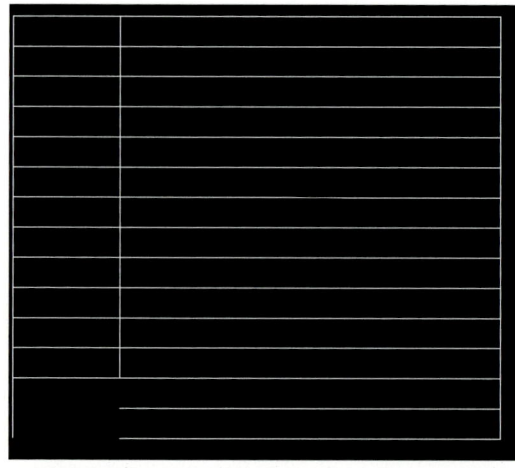

(그림 15) 한남대 도서관의 OROM에 의한 상세정보의 OPAC화면

4. 서지정보의 분석

(1) 서지기술순서 및 상세정보화면

전항의 (그림 6)과 (그림 7)은 단행본 도서의 서지기술사항을 종래의 카드목록형식으로 표출한 것이고, (그림 8)부터 (그림 15)까지는 동일한 서지기술데이터를 OPAC화면에 출력한 것이다. 우선 여기에서 특별히 부각되는 것은 카드목록의 형식이든 OPAC화면에 출력된 형식이든 모두 기술사항만 있고 기본표목이 없다는 점이다. 다만 KOLAS에서는 상세정보화면에 '검색어'를 서명과 저자명으로 2중으로 표출하고 있어서 어느 것이 기본표목인지, 그리고 모든 접근점에서 상세정보를 제공할 수 있도록 설계된 것인지 이해하기 어렵다. 이미 제Ⅳ장 E절에서도 논급한 바와 같이 AACR2R과 USMARC에서는 "main entry"방식을 유지하고 있고, USMARC Format에 의해서 입력된 한 서지데이터의 OPAC 상세화면에도 서지기술사항의 바로 위에 기본표목이 표출되고 있다. 그리고 우리나라의 KORMARC포맷에는 100의 자리에 기본표목이 입력되도록 지시되어 있는데, KOLAS에서만 '검색어'라는 일종의 표목어를 제시했을 뿐, 기타의 모든 OPAC에는 기본표목의 자리가 마련되어 있지 않은 것이다. 이와 같이 기술사항만 있고 표목이 없는 목록이 나타난 원인은 KCR3과 KORMARC기술규칙에 표목부에 대한 규칙이 마련되어 있지 않기 때문이라고 판단된다.

둘째로, 이상에서 보는 바와 같이 OPAC의 상세정보 화면에 제시되는 서지정보의 내용, 형식 및 출력되는 순서가 각 시스템마다 차이가 있음을 볼 수 있다. OPAC화면에 출력되는 상세정보에서 각 도서에 대한 서지기술사항의 기술순서를 살펴보면, 우선 ISBD의 서지기술방식 또는 KORMARC기술규칙이나 KCR3에 따라서 입력하고 있는 시스템(KOLAS, SOLARS, LINNET, OROM)과 이 원칙을 정확하게 지키지 않는 시스템(ELIS, Vintage Las, AIMS)으로 크게 나누어진다.

대부분의 시스템이 서지기술사항의 기술순서는 대체로 ISBD의 기준에 따르고 있으나, ELIS의 경우는 ISBD의 기준과는 달리 저자명(한자)이 서명위에 기술되어 있고, AIMS와 Vintage Las는 '서명저자' 사항에 쓰인 저자명(한자) 이외에 형태사항 다음에 한글표기로 저자명을 기술하고 있으며, OROM은 발행사항 다음에 역시 한글표기로 저자명을 기술하고 있다.

셋째로, 단행본 도서의 서지기술사항 이외의 사항, 즉 등록번호와 청구기호 등의 기술순서가 시스템마다 다르다. SOLARS는 청구기호를, ELIS는 등록번호와 분류기호를, Vintage LAS는 청구기호와 등록번호, OROM은 청구기호를 각각 앞에 기재하고 있는 반면, KOLAS, AIMS, LJNNET에서는 청구기호를 기술사항의 맨뒤에 기재하고 있다. 그런데 이용자들이 목록을 검색하여 도서의 대출여부를 결정하고 나서 청구번호 등을 확인하고, 도서 대출을 신청하게 됨으로 청구기호를 후미에 기재하는 방식이 보다 합리적이라고 할 수 있다. 이와 같이 기본적으로는 서지기술사항이 이용자에게 가장 중요한 요소이지만, 기타 부차적인 요소의 기술순서나 그 배치도 신중히 검토하여 표준화할 필요가 있다.

넷째로, 앞에서 제시한 OPAC의 상세정보화면에서 AIMS, LINNET, OROM 시스템에서는 각각 서지기술의 말미에 '대출정보'가 표시되어 있어서 대출 여부를 확인할 수 있다. Grawford는 온라인 열람목록이 다른 형태의 목록보다 월등한 점 중의 하나가 대출정보를 알 수 있다는 점9)이라고 말한 바와 같이 온라인 목록에서는 이와 같이 대출정보를 파악할 수 있도록 고려해야 할 것이다.

다섯째로, OPAC의 상세정보화면에서 '사항과 서지내용'의 화면상의 배치상황을 살펴보면, 전남대학교의 Vintage LAS시스템만이 사항명은 우측정렬, 서지내용은 좌측정렬방식으로 구성되어 있고, 기타

---

9) W. Crawford *Patron Access: Issues for Online Catalogs*. Boston, G.K. Hall & Co., 1987. p. 200.

6개의 시스템은 모두 사항명의 표기에 있어서 왼쪽정렬방식으로 구성되어 있다. Crawford는 사항명으로 시작되는 데이터요소는 별행으로 기술하고, 사항명은 우측정렬방식을 취하며, 서지정보는 좌측정렬방식을 취하는 것이 정보를 쉽게 파악하는 가장 효과적인 방법이라고 주장한다.10) 그러나 그 주장은 사항명이 영어일 경우에 적합한 말이 될 수 있으나 한글표기어의 경우는 입장이 다르다고 본다. 한글의 경우는 영문자의 경우와 달리 띄어쓰기를 좌우에 맞추기 위해 조절할 수 있고, 첫머리를 가지런히 정렬해 놓을 경우 사항 식별이 보다 용이한 점과 실제 일반사회에서 좌우단을 맞추는 혼합정렬법 내지 좌측정렬법이 관례가 되어 있는 사실을 고려하여 한글과 영문자에 공통하는 정렬법을 채용해야 할 것이다.11)

(2) 서지기술 데이터요소의 입력오류

서지적 데이터를 기술하는데 있어서 각 레코드 내용에 많은 오류를 범하고 있는데 이것은 자료를 전산 입력할 때, 표재지에 나타나 있는 철자나 한자어에 대한 이해부족 등에서 발생하는 것으로 판단된다.

또한, KORMARC기술규칙이나 KCR3에 대해 완전히 이해하지 못하고 막연하게 상례적으로 서지사항을 기재하고 있다는 점이다. 이것은 각 시스템에 대한 상세정보화면의 예에서 보았듯이, 분명히 관칭이나 관제가 있는 도서임에도 불구하고 관칭을 서명저자사항에는 기술하고 있으나, 대부분의 시스템은 주기사항에 관제를 기술하지 않고 있다. 특히 KORMARC기술규칙에는 '관칭'과 '관제'에 대한 개념규정과 이들 각각의 기술방식을 명확히 규정하고 있는데, 이러한 현상이 나타나고 있는 것은 자료의 서지사항을 입력하는 사람

10) W. Crawford. *Patron Access: Issues for Online Catalogs*. Boston, G.K. Hall & Co., 1987. p. 205.
11) 사공복회. 대학도서관 온라인 열람목록의 이용형태에 관한 연구. 연세대 박사학위논문, 1994. pp. 86~87.

들이 '관칭' 및 '관제'에 대한 이해를 하지 못하고 있음을 단적으로 보여주는 것이다.

따라서 현장에 근무하는 시스템 사용자들에 대해서도 기술규칙에 대한 재교육을 통해서 이를 완전히 이해하도록 해야 할 것이다.

(3) 사항명의 용어와 언어

사항명은 모든 시스템이 ISBN(단, OROM 시스템을 사용하는 한남대학교는 ISBN을 한글화해서, 사항명을 '국제도서번호'로 사용)과 같은 용어 외에는 대부분의 사항명에 한글을 사용하였다. 사항명은 데이터의 식별을 용이하게 하기 위해서 마련된 것이므로 일반이용자가 쉽게 이해할 수 있는 일반용어로 데이터 내용과 일치하는 명칭을 부여해야 한다.

KOLAS를 제외한 모든 시스템이 '분류기호'라는 사항명하에 KDC 분류번호와 DDC 분류번호를 뚜렷한 구분없이 함께 기술함으로써 분류번호의 주제내용과 실제내용이 일치되는지 여부를 알 수가 없다. 또한, 동일한 데이터요소.를 지시하는 사항명이 시스템에 따라 달리 사용되는 경우가 많다.

예를 들어, 판사항은 판사항/판차사항/판차/판표시 등으로
　　　　　 발행사항은 출판사항/발행사항/출판사 등으로
　　　　　 형태사항은 형태사항/형태 등으로
　　　　　 총서사항은 총서사항/총서명/총제목 등으로
　　　　　 주기사항은 일반주기/서지주기 등으로
　　　　　 청구기호는 청구기호/분류기호 등으로 사용된다.

또한, ISBD(M)의 가장 큰 특징중의 하나가 서명 다음에 저자표시(서명/저자)를 해 주도록 규정하고 있으나, ELIS 시스템은 OPAC에서 서명과 저자명을 각각 행을 달리하여 독립적으로 기술하고 있다. 그리고 서명저자사항을 같이 기술하고 있는 다른 6개의 시스템도 서명저자사항의 기술용어가 서로 다르다. 예를 들어, 서명저자사

항에 서명/저자, 서명저자, 서명, 제목 등으로 각기 사용되고 있다.

이용자들은 이재 네트워크를 통해서 어느 도서관의 장서에도 접근이 가능하게 됨으로 OPAC에 접근하는 이용자들에게 혼돈을 주지않기 위해서도 사항명의 통일이 요구된다. 따라서 이미 KORMARC 기술규칙에서 한글화하여 사용하는 각 사항의 용어를 그대로 각 시스템에서 통일적으로 사용해야 할 것이다.

(4) 문자 및 구두점

OPAC에 나타나는 문자는 한글의 경우 시스템마다 한 가지 자체만을 사용하고 있으며, 사항명과 데이터는 콜론(:)을 사용하여 구분하였다. 영어의 대소문자 사용에 있어서는 국제적인 관례를 따르고있다.

구두법은 대부분의 시스템이 ISBD 구두점을 원칙으로 하고 있지만조금씩 상이함을 찾아 볼 수 있다. 카드목록에서 볼 수 있는 각 사항간의 구두점인 마침표·빈칸·붙임표·빈칸(. -)이 사라졌고, 총서명을묶는 원괄호(( ))도 OPAC에서는 사라졌다. 그리고 각 사항의 마지막데이터의 끝을 나타내는 마침표를 찍기도 하고 찍지 않기도 하였다.

이와 같이, 대·소문자, 이니셜 등의 식별의 문제, 괄호, 띄어쓰기등 이용자를 불편하게 하는 것이 많다. 이러한 사소한 문제들이 개선되지 않으면, OPAC이 발전했다고 볼 수 없을 것이다.

이상에서 살펴 본 바와 같이, 온라인 일람목록은 서지정보의 출력형식이 시스템마다 조금씩 서로 달라 여러 측면에서 다양함을 볼 수있다. 동일한 정보도 어떤 형식으로 출력되는가에 따라 이해의 속도와 정도가 달라질 수 있다. 따라서 OPAC에 있어 정보의 출력형식을 표준화하는 문제도 절실히 요구된다.

C. 설문조사 분석

1. 분석 대상 및 방법

Ⅳ장에서 나타난 문제점과 그에 대한 개선 방안에 대해서, 실재로 대학도서관에서 면목업무를 담당하고 있는 사서와 일반이용자 등 총 90명을 대상으로 설문조사를 실시하였다.

설문조사의 내용(부록 1)은 앞에서 문제점으로 제시한 내용들을 중심으로, 기존의 규칙(관례)과 온라인 환경에 적합한 규정(안)을 제시하여 사서 및 이용자에게 적합한 정보 제공을 하는데 있어 보다 더 합리적인 내용에 대해 선택하도록 하였다.

설문 대상자는 제Ⅴ장의 A절에서 선정된 시스템(KOLAS, Vintage LAS, LINNET, OROM, SOLARS)을 운용중인 도서관의 사서 25명(시스템당 5명)과 전남대학교에 재학중인 학생 65명을 대상으로 1997년 11월 3일부터 4일까지 E-meil과 직접 면담을 통해서 실시하였다. 설문지 회수는 90부중 사서 25부와 이용자 50부 등 총 75부가 회수되어 83.4%의 높은 회수율을 보였는데. 이것은 설문조사원이 일부 이용자를 대상으로 대인 면접을 통한 직접회수에서 기인한 것으로 보인다.

설문조사대상을 사서와 일반 이용자로 분류하고, 일반 이용자는 다시 문헌정보학 전공학생 과 비전공학생으로 구분하였으며 응답자의 분포도를 제시하면 <표 7>과 같다.

<표 7> 설문조사 대상자 분포도

응답자	사서	일반 이용자		계
		문헌정보학전공자	비전공이용자	
인원(명)	25	15	35	75
비율(%)	33.3	20.0	46.7	100

분석방법은 사서와 일반 이용자, 일반 이용자는 다시 문헌정보학을 전공하는 이용자(이하 문헌정보로 통용함)와 비전공 이용자 사이의 차이와 경향을 파악하고 분석하기 위해 SAS통계패키지를 이용하여 단순집계, 카이스퀘어(x^2)분석과 윌콕슨 부호서열검중(Wilcoxon sign test)을 항목에 따라 모두 이용하든지 아니면 하나만을 이용하든지 하였다.

분산분석은 유의수준 1%를 기준으로 하여 분석하였다. 분석표(cross-tabulation)에 대해 카이스퀘어분석을 행하여 Prob가 유의수준 0.01보다 작아 응답자군 사이에 차이가 있다고 판명되면 윌콕슨 부호서열검증을 하였다. 윌콕슨 부호서열검증은 두 응답(알고 있는 경우, 모르고 있는 경우)수 간에 차이가 있는 지를 검정하는 방법으로 P가 유의수준 0.01보다 작으면 차이가 있다고 판명한다. 즉 어느. 한쪽의 응답이 더 많다고 볼 수 있으므로 단순집계에서 %가 많은 쪽으로 판별하면 된다.

평가의 내용을 분석하여 개선 방안을 도출하는 흐름도를 그림으로 표현하면 다음의 (그림 16)과 같다.

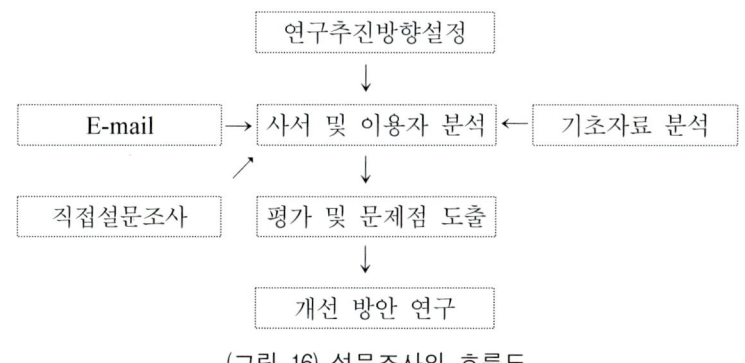

(그림 16) 설문조사의 흐름도

2. 분석 내용

(1) OPAC을 이용경험 유무

이용자가 OPAC을 이용한 경험이 있는지의 여부를 설문조사한 바
그 결과를 요약하면 다음의 <표 8>과 같다.

<표 8> OPAC이용 경험유무 분석표

구분	자주 이용한다	가끔 이용한다	1-2회 이용한 적이 있다	이용한 적이 없다	계
인원(명)	39	27	8	1	75
비율(%)	52.0	36.0	10.7	1.3	100

이상의 <표 8>에서 보는 바와 같이 75명의 응답자 중에서 98.7%
가 OPAC를 이용해서 자료를 검색한 적이 있는 것으로 나타났다.

(2) 약자의 완전 철자화 여부

과거의 카드목록에서 주로 쓰던 약자는 이제 '온라인 환경에서는
완전철자로 써야 한다'는 내용을 검증하기 위해서 연구자는 서지기
술사항에서 기술되는 8개의 약자를 제시하여 이용자로 하여금 약자
의 의미를 기술하게 하였다. 서지기술사항에서만 쓰는 약자에 대해
다른 의미로 기술한 내용은 오답으로 처리하였다.

가. ed.의 의미 인식여부

목록의 판사항에서 주로 쓰이는 ed.의 의미를 알고 있는지에 대한
설문조사문항을 분석하여 정리한 결과는 다음의 <표 9>와 같다.

<표 9> ed.에 대한 응답 분석표

| 구 분 | | 사 서 | 일반 이용자 | | 계 |
			문헌정보전공	비전공	
ed.	알고 있다	25 (33.33)	4 (5.33)	10 (13.33)	39 (52.00%)
	모른다	0 (0.00)	11 (14.67)	25 (33.33)	36 (48.00%)
계		25 (33.33)	15 (20.00)	35 (46.67)	75 (100.00%)

Prob=0.001(P<0.01)

이상에 <표 9>에 나타난 바를 분석한 결과 Prob가 0.001이 된다. 그러므로 Prob는 유의수준 0.01(P<0.01)에 포함된다. 따라서 응답자군 사이에 차이가 있다. 사서(25명)의 경우는 모두 ed..의 의미를 기술하고 있으나, 이용자군에서는 많은 수(36명)가 ed.의 의미를 알지 못하고 있다.

나. ill..의 의미 인식 여부

목록의 형태사항에서 주로 쓰이는 ill.의 의미를 알고 있는지에 대한 설문조사 문항을 분석하여 정리한 결과는 다음의 <표 10>과 같다.

<표 10> ill.에 대한 응답 분석표

| 구 분 | | 사 서 | 일반 이용자 | | 계 |
			문헌정보전공	비전공	
ill.	알고 있다	25 (33.33)	15 (20.00)	8 (10.67)	48 (64.00%)
	모른다	0 (0.00)	0 (0.00)	27 (36.00)	27 (36.00%)
계		25 (33.33)	15 (20.00)	35 (46.67)	75 (100.00%)

Prob=0.001(P<0.01)

이상의 <표 10>에 나타난 바를 분석한 결과 Prob가 0.001이 된다. 그러므로 Prob는 유의수준 0.01(P〈0.01)에 포함된다. 따라서 응답자군 사이에 차이가 있다. 즉 사서(25명)와 문헌정보전공자(15명)는 모두 ill.의 의미를 알고 있지만 비전공 이용자는 35명 중에서 27명이 ill.(삽도)의 의미를 모르고 있는 것으로 나타났다.

다. col.의 의미 인식 여부

목록의 형태사항에서 주로 쓰이는 col.의 의미를 알고 있는지에 대한 설문조사 문항을 분석하여 정리한 결과는 다음의 <표 11>과 같다.

<표 11> col.에 대한 응답 분석표

구 분		사 서	일반 이용자		계
			문헌정보전공	비전공	
col.	알고 있다	21 (28.00)	12 (16.00)	3 (4.00)	36 (48.00%)
	모른다	4 (5.33)	3 (4.00)	32 (42.67)	39 (52.00%)
계		25 (33.33)	15 (20.00)	35 (46.67)	75 (100.00%)

Prob=0.001(P〈0.01)

이상의 <표 11>에 나타난 바롤 분석한 결과 Prob가 0.001이 된다. 그러므로 Prob는 유의수준 0.01(P〈0.01)에 포함된다. 따라서 응답자군 사이에 차이가 있다. 즉 사서(21명)와 문헌정보이용자(12명)는 대부분 col.의 의미를 알고 있지만 일반이용자(32명)는 col.의 의미를 모르고 있는 것으로 나타났다.

라. p.의 의미 인식 여부

목록의 형태사항에서 주로 쓰이는 p.의 의미를 알고 있는지에 대한 설문조사 문항을 분석하여 정리한 결과는 다음의 <표 12>와 같다.

<표 12> p.에 대한 응답 분석표

구　　분		사　서	일반 이용자		계
			문헌정보전공	비전공	
p.	알고 있다	25 (33.33)	15 (20.00)	30 (40.00)	70 (93.33%)
	모른다	0 (0.00)	0 (0.00)	5 (6.67)	5 (6.67%)
계		25 (33.33)	15 (20.00)	35 (46.67)	75 (100.00%)

Prob＝0.047(P＜0.01)

이상의 <표 12>에 나타난 바를 분석한 결과 Prob가 0.047이 된다. 그러므로 Prob는 유의수준 0.01(P＜0.01)에 포함되지 않는다. 따라서 응답자군 사이에 차이가 없다. 즉 사서와 문헌정보이용자는 모두 p.의 의미를 알고 있으며, 일반이용자도 p.(페이지)의 의미를 35명 중에서 30명(85.71%)이 알고 있는 것으로 나타났다. 그러므로, 다른 약자에 비하면, 상대적으로 p.의 의미는 일반이용자도 많이 알고 있다고 볼 수 있다.

마. cm.의 의미 인식 여부

목록의 형태사항에서 주로 쓰이는 cm.의 의미를 알고 있는지에 대한 설문조사 문항을 분석하여 정리한 결과는 다음의 <표 13>과 같다.

다음의 <표 13>에 나타난 바를 분석한 결과 Prob가 0.024가 된다. 그러므로Prob는 유의수준 0.01(P＜0.01)에 포함되지 않는다. 따라서 응답자군 사이에 차이가 없다. 즉 사서(25명)와 문헌정보전공자(15명)는 모두 cm.의 의미를 알고 있으며, 비전공 이용자도 cm.의 의미를 29명이 알고 있다. 그러므로, 다른 약자에 비하면, 상대적으로 cm.의 의미는 일반이용자도 많이 알고 있다고 볼 수 있다.

<표 13> cm.에 대한 응답 분석표

| 구 분 | | 사 서 | 일반 이용자 | | 계 |
			문헌정보전공	비전공	
cm.	알고 있다	25 (33.33)	15 (20.00)	29 (38.67)	69 (92.00%)
	모른다	0 (0.00)	0 (0.00)	6 (8.00)	6 (8.00%)
계		25 (33.33)	15 (20.00)	35 (46.67)	75 (100.00%)

Prob＝0.024(P＜0.01)

바. N.J.의 의미 인식 여부

목록의 발행사항에서 쓰이는 N.J.의 의미를 알고 있는지에 대한 설문조사문항을 분석하여 정리한 결과는 다음의 <표 14>와 같다.

<표 14> N.J.에 대한 응답 분석표

| 구 분 | | 사 서 | 일반 이용자 | | 계 |
			문헌정보전공	비전공	
N.J.	알고 있다	14 (18.67)	0 (0.00)	0 (0.00)	14 (18.67%)
	모른다	11 (14.67)	15 (20.00)	35 (46.67)	61 (81.33%)
계		25 (33.33)	25 (20.00)	35 (46.67)	75 (100.00%)

Prob＝0.001(P＜0.01)

이상의 <표 14>에 나타난 바를 분석한 결과 Prob가 0.001이 된다. 그러므로 Prob는 유의수준 0.01(P＜0.01)에 포함된다. 따라서 응답자군 사이에 차이가 있다. 즉 사서는 14명이 N. J.의 의미를 알고 있지만 일반 이용자군(50명)에서는 N. J.(New Jersey)의 의미를 모두 모르고 있다.

사. Co.의 의미 인식 여부

목록의 발행사항에서 주로 쓰이는 Co.의 의미를 알고 있는지에 대한 설문조사 문항을 분석하여 정리한 결과는 다음의 <표 15>와 같다.

<표 15> Co.에 대한 응답 분석표

구　　분		사　서	일반 이용자		계
			문헌정보전공	비전공	
Co.	알고 있다	9 (12.00)	6 (8.00)	7 (9.33)	22 (29.33%)
	모른다	16 (21.33)	9 (12.00)	28 (37.33)	53 (70.67%)
계		25 (33.33)	15 (20.00)	35 (46.67)	75 (100.00%)

Prob=0.243(P<0.01)

이상의 <표 15>에 나타난 바를 분석한 결과 Prob가 0.243이 된다. 그러므로 Prob는 유의수준 0.01(P<0.01)에 포함되지 않는다. 따라서 응답자군 사이에 차이가 없다. 전체 응답자의 53명(70.67%)이 Co.(Company)의 의미를 모르고 있다.

아. ISBN의 의미 인식 여부

목록에서 주로 쓰이는 ISBN의 의미를 알고 있는지에 대한 설문조사 문항을 분석하여 정리한 결과는 다음의 <표 16>과 같다.

다음의 <표 16>에 나타나는 바를 분석한 결과 Prob가 0.001이 된다. 그러므로 Prob는 유의수준 0.01(P<0.01)에 포함된다. 따라서 응

답자군 사이에 차이가 있다. 즉 사서는 25명 모두가 ISBN의 의미를 알고 있고, 일반 이용자군에서도 문헌정보전공자는 15명 중에서 9명이 ISBN의 의미를 알고 있다. 다만, 비전공 이용자는 다수가 ISBN이 국제표준도서번호의 약자라는 것을 모르고 있다.

<표 16> ISBN에 대한 응답 분석표

| 구   분 | | 사 서 | 일반 이용자 | | 계 |
			문헌정보전공	비전공	
ISBN	알고 있다	25 (33.33)	9 (12.00)	5 (6.67)	39 (52.00%)
	모른다	0 (0.00)	6 (8.00)	30 (40.00)	36 (48.00%)
계		25 (33.33)	15 (20.00)	35 (46.67)	75 (100.00%)

Prob=0.001(P<0.01)

이상과 같이 <표 9>부터 <표 16>까지 살펴보았을 때, p., cm.과 같은 약자는 사서뿐만 아니라 이용자군에서도 통용이 되는 범용성이 있는 약자로볼 수 있다. 그러나 기타의 약자들은 사서 및 문헌정보학 전공의 이용자에게는 통용이 되는 약자(ill., col., ISBN)이지만 비전공 이용자에게는 혼돈을 가져오는 약자가 대부분이었다. 따라서 온라인 환경에서는 범용성이 있는 약자 이외의 약자는 완전절차를 쓰는 것이 이용자들에게 도움을 줄 수 있다.

3. 구두법

목록에서 사용되는 구두점에 대한 이용자의 이해 정도를 설문조사하고 분석하여 정리한 결과는 다음의 <표 17>과 같다.

아래의 <표 17>에 나타난 바를 분석한 결과 Prob가 0.001이다. 그러므로 Prob는 유의수준 0.01(P〈0.01)에 포함된다. 따라서 응답자 군 사이에 차이가 있다. 모든 사서(25명) 및 문헌정보전공자의 다수 (14명)는 목록에서의 구두점의 의미를 이해하고 있다.

<표 17> 구두점에 대한 이해의 분석표

구 분		사 서	일반 이용자		계
			문헌정보전공	비전공	
구두점	모두 알고 있다	25 (33.33)	11 (14.67)	5 (6.67)	41 (54.67%)
	: 과 ; 은 안다	0 (0.00)	2 (2.67)	9 (12.00)	11 (14.67%)
	+는 안다	0 (0.00)	1 (1.33)	1 (1.33)	2 (2.67%)
	모두 모른다	0 (0.00)	1 (1.33)	20 (26.67)	21 (28.00%)
계		25 (33.33)	15 (20.00)	35 (46.67)	75 (100.00%)

Prob=0.001(P〈0.01)

그리고 이와 같이 구두점을 이해하고 있으므로 검색된 자료의 내용을 파악하는데 도움이 되는 지에 대한 조사를 분석하여 정리한 결과는 다음의 <표 18>과 같다.

<표 18> (구두점을 알고 있는 경우)도서의 내용 파악에 대한 분석

| 구 분 | 사 서 | 이 용 자 | | 계 |
		문헌정보	일반이용자	
많은 도움이 된다	9 (16.67)	5 (9.26)	3 (5.56)	17 (31.48%)
약간 도움이 된다	14 (25.93)	7 (12.96)	6 (11.11)	27 (50.00%)
전혀 도움이 되지 않는다	2 (3.70)	2 (3.70)	6 (11.11)	10 (18.52%)
계	25 (46.30)	14 (25.93)	15 (27.78)	54 (100.00%)

Prob=0.152(P<0.01)

이상의 <표 18>에 나타난 바를 분석한 결과, 응답자의 81.48%(44명)가 구두점을 이해하고 있으므로 검색된 자료의 내용을 파악하는데 도움이 된다고 응답하고 있다. 또한, 구두점의 의미를 이해하고 있는 응답자들 중에서 응답자군간에 차이는 없다(P=0.152, P<0.01)

반면에, 목록에서의 구두점의 의미를 이해하지 못하는 응답자가 검색된 자료의 내용을 파악하는데 불편한 지에 대한 조사를 분석하여 정리한 결과는 다음의 <표 19>와 같다.

<표 19> (구두점을 모르는 경우)도서의 내용 파악에 대한 분석표

| 구 분 | 사 서 | 일반 이용자 | | 계 |
		문헌정보전공	비전공	
많은 불편하다	0 (0.00)	0 (0.00)	4 (19.05)	4 (19.05%)
약간 불편하다	0 (0.00)	0 (0.00)	9 (42.86)	9 (42.86%)
전혀 불편하지 않다	0 (0.00)	1 (4.76)	7 (33.33)	8 (38.09%)
계	0 (0.00)	1 (4.76)	20 (95.24)	21 (100.00%)

Prob=0.426(P<0.01)

이상의 <표 19>에 나타난 바를 분석한 결과, 목록에서의 구두점의 의미를 이해하지 못하는 응답자는 일반 이용자군에서만 21명이며, 이 중에서 구두점을 이해하지 못하기 때문에 검색된 자료의 내용을 파악하는데 불편하다는 응답이 61.91%(13명)를 차지하고 있다.

따라서 온라인 환경에서의 구두점 사용에 대해서는 구두점의 사용 유무에 대한 논란보다는 목록 환경에서 사용되는 구두점을 이용자에게 교육을 시킬 수 있는 방법을 강구하는 것이 더욱 타당하다고 할 수 있다.

4. 서명저자사항에 저자를 모두 기술할 경우

'온라인 환경에서는 서명저자사항에 표제지에 기재된 4인 이상의 공저자도 모두 기술한다'는 내용을 검증하기 위해서 연구자는 서명저자사항을 기재한 두 개의 보기를 제시해 놓고 이용자에게 원하는 항목에 선택을 하도록 설문조사하여 분석한 결과는 다음의 <표 20>과 같다.

<표 20> 저자의 기술에 대한 분석표

구 분	사 서	일반 이용자		계
		문헌정보전공	비전공	
공저자 모두 기재한다	24 (32.00)	12 (16.00)	33 (44.00)	69 (92.00%)
대표저자만 기입한다	1 (1.33)	3 (4.00)	2 (2.67)	6 (8.00%)
계	25 (33.33)	15 (20.00)	35 (46.67)	75 (100.00%)

Prob=0.155(P<0.01)

이상의 <표 20>에 나타난 바를 분석한 결과 Prob가 0.155이다. 그러므로 Prob가 유의수준 0.01(P〈0.01)에 포함되지 않는다. 따라서 응답자군 사이에 차이가 없다. 즉, 전체 응답자 중에서 69명(92%)이 저자의 기술에 대해서는 공저자의 생략없이 모두 기술할 경우 이용자에게 도움이 된다고 선택하고 있음을 알 수 있다.

5. 청구기호의 위치에 대해서

'이용자용 상세정보 화면에서 청구기호의 위치 선정 문제이다. 즉, 청구기호를 서지기술사항의 앞에 제시할 것인 지, 아니면 뒤에 제시할 것인 지'에 대해 두 가지의 보기를 제시해 놓고 이용자에게 원하는 항목에 선택을 하도록 설문조사하여 분석한 결과는 다음의 <표 21>과 같다.

<표 21> 청구기호의 위치에 대한 분석표

구 분		사 서	일반 이용자		계
			문헌정보전공	비전공	
청구기호	상단 기재	14 (18.67)	8 (10.67)	16 (21.33)	38 (50.67%)
	하단 기재	11 (14.67)	7 (9.33)	19 (25.33)	37 (49.33%)
계		25 (33.34)	15 (20.00)	35 (46.66)	75 (100.00%)

Prob＝0.715(P〈0.01)

이상의 <표 21>에 나타난 바를 분석한 결과 Prob가 0.715이다. 그러므로 Prob는 유의수준 0.01(P〈0.01)에 포함되지 않는다. 따라서 응답자군 사이에 차이가 없으며, 청구기호의 위치 선정도 응답자의 선호에 차이가 없다.

청구기호의 위치에 대해서, 사서들은 각각 자관의 시스템에서 현재 기술되는 방법을 선호하는 경향이 있다. 즉, 제V장에서 각 시스템의 상세정보화면을 살펴보면 알 수 있듯이, 상단을 선호한 사서응답자는 Vintage LAS, SOLARS, OROM 시스템을 사용하는 기관의 응답자였으며, KOLAS, LINNET을 사용하는 기관의 응답자는 청구기호의 기재위치를 하단에 기술하기를 원하고 있다. 반면, 이용자군에서의 청구기호의 기재위치에 대해서는 상하단의 비율이 24명 (50%)대 26명(50%)으로 단순 수치로 보면, 약간 하단에 우선순위를 정할 수 있으나, 윌콕슨 부호서열검증에서 P가 0.909로 유의수준 0.01(P < 0.01)에 포함되지 않으므로 상하단의 선호에 차이가 없다.

그리고 사서들을 제외한 이용자 입장에서 보아도, 윌콕슨 부호서열검증에서 P가 0.6192이다. 그러므로 Prob는 유의수준 0.01(P < 0.01)에 포함되지 않으므로 상하단의 선호에 차이가 없다.

결국, 설문조사를 통한 청구기호의 의치 선정은 상당히 어렵다. 그러나, 제IV장 B항에서 언급하였듯이, 이용자들은 상세정보화면에서 기술된 내용을 확인한 다음에 그 자료가 필요하면 청구하게 되거나 자료의 소재위치를 찾기 때문에 청구기호를 맨 뒤에 기입하는 것이 타당하다고 말할 수 있다.

6. 주기사항에 목차주기의 기술에 대해서

'도서의 목차를 OPAC에 기술 여부'에 대한 문제를 제시해 놓고 이용자에게 원하는 항목에 선택을 하도록 설문조사하여 분석한 결과는 다음의 <표 22>와 같다.

<표 22> 목자의 기술 여부에 대한 분석표

| 구 분 | | 사 서 | 일반 이용자 | | 계 |
			문헌정보전공	비전공	
목차주기	기술한 경우	25 (33.33)	15 (20.00)	34 (45.33)	74 (98.67%)
	생략한 경우	0 (0.00)	0 (0.00)	1 (1.33)	1 (1.33%)
계		25 (33.33)	15 (20.00)	35 (46.67)	75 (100.00%)

Prob=0.560(P＜0.01)

이상의 <표 22>에 나타난 바를 분석한 결과 Prob가 0.560이다. 그러므로 Prob는 유의수준 0.01(P＜0.01)에 포함되지 않는다. 따라서 응답자군 사이에 차이가 없다.

도서에 제시된 목차의 기술 여부에 대해서, 응답자 중에서 74명(97.64%)이 OPAC에 목차를 기술하여 주는 것이 이용자들에게 그 도서를 브라우징하는 데 도움이 된다고 답하고 있다.

따라서 온라인 환경에서는 주기사항의 내용에 목차를 기술할 수 있도록 규정해야 할 것이다.

이상과 같이, 제Ⅳ장에서 제기된 문제점과 개선 방안에 대해 실제로 사서 및 일반 이용자를 대상으로 실문조사를 통해 검증해 본 바, 앞에서 제시한 문제점에 대한 개선 방안은 설문조사에서도 타당하다고 나타났다. 따라서 각 항목에 대해 검증된 바를 요약하면 다음과 같다.

1. 범용성이 있는 약자(예; p., cm)이외의 약자는 이용자들에게 혼돈을 준다. 따라서 온라인 환경에서는, 범용성이 없는 약자는 완전철자로 써야 한다.

2. 구두점을 이해하고 있으므로 검색된 자료의 내용을 파악하는데 도움이 된다는 응답과 구두점을 이해하지 못하기 때문에 불편하다는 응답이 많다. 따라서 온라인 환경에서의 구두점 사용에 대해서는 구

두점의 사용여부에 대한 논란보다는 목록 환경에서 사용되는 구두점
올 이용자에게 교육을 시킬 수 있는 방법을 강구하는 것이 더욱 타
당하다고 할 수 있다.

3. 많은 응답자들이 저자의 기술에 대해서는 공저자의 생략없이
모두 기술할 경우 이용자에게 도움이 된다고 응답하고 있다. 따라서
온라인 환경에서는 표제지에 제시된 저자를 모두 기술해야 한다.

4. 설문조사를 통한 청구기호의 위치 선정은 상당히 어렵다. 그러
나, 제Ⅳ장 B항에서 언급하였듯이, 이용자들은 상세정보화면에서 기
술된 내용을 확인한 다음에 그 자료가 필요하면 청구하게 되거나 자
료의 소재위치를 찾기 때문에 청구기호를 맨 뒤에 기입하는 것이 타
당하다고 말할 수 있다.

5. 응답자의 대부분은 목차를 기술하여 주는 것이 이용자들에게
그 도서를 브라우징하는데 도움이 된다고 답하고 있다. 따라서 온라
인 환경에서는 주기사항의 내용에 목차를 기술해야 할 것이다.

Ⅵ. 온라인 환경에서의 KCR3 기술부의 개선 방안

　기존의 목록의 기능과 그 기술은 21세기 사회에서 다시 사용할
수 있도록 재조직을 해야 한다. 해결 방법은 21세기의 정보 환경과
기술에 맞는 포맷으로 변화하여 이용자의 편의성이라는 실용적 관점
에서 편목이론은 수정되고 보완되어야 할 것이다.

　서지통정의 중추는 표준이다.[1) 일반적으로 쉽게 이해할 수 있고 정
확한 검색을 위해 기본도구를 마련하는 것이 표준화이다. 특히 오늘날
과 같은 인터넷 OPAC환경에서의 표준화는 필수적인 요소이다.[2)

　이 장에서는 제Ⅱ장부터 제Ⅴ장에 이르기까지 밝혀진 현행의 편목
규칙과 온라인 환경에서의 문제점들을 개선해서, 새롭고 합리적인
한국편목규칙을 편찬하기 위하여 다음과 같은 모형을 제시하고자 한
다. 그러나 제Ⅴ장에서 보는바와 같이 온라인 환경에 있어서도 판사
항, 발행사항, 형태사항에서는 별다른 문제가 없으므로 이들은 모두
AACR2R과 KCR3의 규정을 그대로 수용하고자 한다.

---

1) Sally McCallum. What Makes a Standard? *Cataloging & Classification Quarterly*, Vol.21, No.3/4, 1996, p. 5.
2) 남태우. 目錄法 理論에 대한 硏究. 情報管理學會誌, 제14권 제1호, 1997. pp. 224~225.

A. 구성체제

제Ⅰ장 A항에서 이미 밝힌 바와 같이 **AACR2R**은 국제적으로 표준적인 편목규칙으로서 영미권을 비롯한 서구문화권에서 발행된 문헌 뿐만 아니라 어느 나라에서나 영어나 서구언어로 발행된 문헌을 편목하기 위해서는 이를 직접 적용해야만 한다. 또한 우리나라를 비롯한 동양문화권의 문헌을 편목하는데 있어서는 언어와 문자 그리고 문화적 배경이 다르기 때문에 세부적인 면에서는 상당한 차이가 있으나 전반적으로는 **AACR2R**에 따르지 않을 수가 없다. 그러므로 앞으로 개선될 새로운 **KCR**의 구성체제는 다음의 <표 23>과 같이 **AACR2R**의 체제를 그대로 따르고자 한다. 그러나 **AACR2R**의 제13장 분출(Analysis)은 제외하고자 한다. 그 이유는, 그것이 표목에 관한 문제이기도 하지만, 온라인목록에서는 한 저작에 관련된 모든 사항에서 접근점이 마련될 수 있기 때문에 빈도로 분출저록을 작성할 필요가 없기 때문이다.

<표 23> 새로운 KCR 기술부의 기본구조

제1장	(기술을 위한) 일반규칙
제2장	도서, 팸플릿, 기타 인쇄물
제3장	지도자료
제4장	필사본(필사본선집을 포함해서)
제5장	음악자료
제6장	녹음자료
제7장	영상자료
제8장	그래픽자료
제9장	컴퓨터파일
제10장	입체자료
제11장	마이크로폼
제12장	연속간행물

다음으로 각 장에서도 <표 24>와 같이 AACR2R의 체제에 따라 세부사항을 규정하되 다만, KCR3에서 제8항의 '계층적완전기술방식'과 제9항의 '분립기입'은 제외하고자 한다. 여기에서 제8항과 9항을 제외한 이유는 그것이 앞으로 온라인목록에서는 한 저작에 대해서 관련된 모든 사항에서 접근점이 마련될 수 있기 때문에, 여러 가지의 기술방식으로 저록을 작성할 필요가 없기 때문이다.

<표 24> 새로운 KCR 기술부에 있어서 각 장의 항목구성

0. 기술의 총칙
1. 서명저자사항
2. 판사항
3. 발행사항
4. 형태사항
5. 총서사항
6. 주기사항
7. 표준번호와 구득조건사항

이상에서 제시한 각 장과 항의 세부사항을 규정하는데 있어서는 다만 언어와 문자 그리고 문화적 차이로 인하여 AACR2R을 그대로 따를 수 없는 부분, 즉 예를 들면, 漢字를 한글로 표기하거나 중국의 漢字音이나 일본의 漢字音을 한글로 표기하는 등의 문제, 영미권의 人名은 名姓 순으로 기술하는데 반하여 동양권의 인명은 姓名 순으로 기술하는 등의 문제가 새로운 KCR에서는 달라지게 될 것이다.

B. 청구기호의 위치

청구기호의 위치에 대해서는 AACR2R뿐만 아니라 현재까지 어느 편목규칙에도 규정된 바 없다. 그러나 이미 제Ⅳ장 B항에서도 논급

된 바와 같이 현재까지 전통적으로 청구기호가 카드목록에서 좌측 맨 앞에 기술되었던 것은 불합리하다. 그리고 온라인목록의 마스터파일에서 052, 또는 090에 로컬데이터(local data)인 청구번호를 기술한 것은 카드목록의 좌측 맨 앞에 기술한 경우와 마찬가지로 불합리한 것이다. 그러나 온라인목록에서는 이용자들의 검색화면에서 기술사항의 맨 뒤에 나타나게 한 것은 아주 합리적인 개선이다. 그러므로 새로운 KCR에서는 온라인목록의 마스터파일에서도 이용자들의 검색화면에서처럼 기술사항의 맨 뒤에 나타나도록 규정하여야 한다.

C. 구두점과 전치기호

Ⅳ장 A항에서 이미 밝힌 바와 같이 AACR2R이나 KCR3에서 사용하고 있는 ISBD의 구두법은 외견상으로는 효과적이라고 판단된다. 그러나 ISBD의 구두점은 모든 사항과 세부사항의 앞에 사용한다는 것 때문에 이것은 일반 관행에서 벗어나는 것이므로 논리적으로 이것을 구두법이라고 할 수가 없다. 그러므로 새로운 KCR에서는 이들 기호자체는 모두 사용하되 마침표(.), 쉼표(,), 각괄호([ ]), 원괄호(( )), 복판점(·), 줄임표(…)는 구두점으로, 기타의 붙임표(-), 대등기호(=), 사선(/), 콜론(:), 세미콜론(;), 더하기기호(+)는 전치기호로 수용하고자 한다. 따라서 새로운 KCR에서는 다음과 같이 규정한다.

1. 문단나누기와 구두점

새로운 KCR에 의한 온라인면목에서는 모든 사항들을 각 사항별로 빈도의 문단으로 기술한다. 단, 이에 따라 편목된 데이터를 카드목록이나 책자형태의 목록으로 변환하는 경우는 전치기호 붙임표(－)를 앞세워서 각 사항을 하나의 문단으로 이어붙일 수도 있다. 새로운 KCR에서는 쉼표(,), 마침표(.), 각괄호([ ]), 원괄호(( )), 복판점(·), 줄임표(…) 등 일반적으로 통용되는 구두법을 사용한다.

(1) 마침표(.)는 모든 사항(area)의 말미에 사용한다.

(2) 쉼표(,)는 공저자의 경우 첫저자명 다음과, 둘째, 혹은 셋째 등 마지막의 두 번째 저자명 다음에 사용하고, 발행자명 다음에 사용한다.

(3) 각괄호([ ])는 각 사항 정보의 기본전거 이외의 다른 전거에서 얻은 정보를 나타내는데 사용된다.

(4) 원괄호(( ))는 총서사항, 西曆紀年을 포함하는 두종류 이상의 발행년의 기년이 병기되어 있을 경우 서기 이외의 기년을 묶는데 사용한다. 또한 동서의 경우 발행지를 기재하는데 있어서 상위단위의 지명에 의해 同名異地를 구별하는데 사용한다.

　단, 온라인 목록에서, 총서사항을 기술할 때는 원괄호(( ))를 사용하지 않는다.

(5) 복판점(·)은 한국어의 기술에서는 그것이 공동격조사 '과'(와)의 뜻으로 사용되었을 경우에만 사용하고, 중국어와 일본어의 기술에서는 일반적으로 정보원에 나타난 그대로 사용한다.

(6) 줄임표(…)는 어떤 사항의 요소 중 그 한 부분을 생략하였슴을 표시할 경우에 사용된다.

2. 전치(前置)기호

　새로운 KCR에서는 각 사항의 앞에 다음과 같은 독자적인 전치기호를 사용한다. 단 전치기호의 앞과 뒤는 각각 한칸을 띄운다.

(1) 대등기호(＝)는 대등서명이나 대등총서명 앞에 사용한다.

(2) 사선(/)은 첫 번째 저자표시 앞에 사용한다.

(3) 더하기기호(+)는 딸림자료표시 앞에 사용한다.

(4) 붙임표(－)는 카드목록이나 책자목록의 경우, 첫 번째 사항인 서명
저자사항을 제외한 각사항의 요소 앞에 사용한다.(이것은 다만 지
면을 절약하기 위한 방편으로 사용한다)

(5) 콜론(:)은 부서명, 여타서명정보, 발행처, 삽도표시, 총서의 부
서명과 여타서명정보, 하위총서, 가격표시 앞에 사용한다. 그리고
저작역할어가 명사형으로 저자명의 앞에 놓였을 때 그 사이에 콜
론(:)을 사용한다.

단, 주기사항에서 표출어와 주기내용을 구분할 때, 표출어 다음에
콜론을 사용한다.

(6) 세미콜론(;)은 부차적 저자표시, 특정판에 관련된 부차적 저자
표시, 두 번째 이하의 발행지 및 크기 앞에 사용한다.

이상의 구두점과 전치기호를 각 기술사항의 요소별로 각각의 사용
예를 나타내면 다음과 같다.

서명저자사항

　본서명

＝ 대등서명

： 여타서명 또는 여타서명정보

／ 첫 번째 저자표시

， 두 번째 이하의 공저자(동일 역할자) 표시

； 두 번째 이하의 저자(번역자, 개정자 등)표시

판사항

　판표시(카드목록이나 책자식목록의 경우에는 판표시 앞에 붙임표

　　(－)를 사용한다)

／ 당해판에 관련된 첫저자표시

； 당해판에 관련된 두 번째 또는 그 이하의 저자표시

발행사항

첫 번째 발행지(카드목록이나 책자식목록의 경우에는 첫 번째 발행
지 앞에 붙임표(-)를 사용한다)
; 두 번째 이하의 발행지
: 발행처
, 발행일자
; 두 번째 이하의 인쇄지
: 인쇄처

형태기술사항
면수 또는 권책수(카드목록이나 책자식목록의 경우에는 면수 또는
권책수 앞에 붙임표 (-)를 사용한다)
: 삽도표시
; 크기
+ 딸린 자료

총서사항
(총서명(카드목록이나 책자식목록의 경우에는 총서사항 앞에 붙임
표(-)를 사용한다))
: 하위 시리즈명
; 시리즈 또는 하위시리즈의 권자
국제표준연속간행물번호=ISSN)

주기사항
표출어:

국제표준도서번호 장정 가격사항
국제표준도서번호(ISBN)(카드목록이나 책자식목록의 경우에
는 ISBN 앞에 붙임표(-)를 사용한다)
장정
: 가격

D. 서명저자사항

새로운 KCR의 서명저자사항에서 서명의 앞에 오는 관칭과 관제에 대해서는 KORMARC기술규칙의 규정을 그대로 수용하고 기타의 기술에 있어서는 AACR2R이나 KCR3에 있어서의 기술방식을 그대로 수용한다. 그러나, 다만 AACR2R의 1.1F5와 KCR3의 1.1.5.9에 공저서의 저자표시를 규정하는데 있어서, '동일한 역할을 수행한 4인 이상의 공저서의 경우 첫머리에 쓰인 저자만을 기재하고 나머지 저자들은 생략한다'는 규정을 삭제하고, 이를 '동일한 역할을 수행한 저자의 수에 상관 없이 이들을 모두 자료에 쓰인 문자나 순서대로 저자표시에 기재한다'고 규정한다.

이미 제Ⅳ장의 C항에서 밝힌 바와 같이, 종래의 카드목록에서 저자표시에 있어서 공저서의 경우 3인까지의 공저서에 한해서 기술사항에 기입하고, 4인 이상의 공저서는 그들 중에서 첫머리에 기재된 한사람만 기입하고, 나머지 저자는 저자표시에서 생략하도록 규정한 것은 지면의 제한 때문이었다. 그러나 온라인환경에서는 카드목록의 경우와는 달리 지면의 제한을 받지 않으므로 그 제한을 해제하는 것이 타당하기 때문이다.

E. 주기사항

주기사항에 있어서도 역시 온라인환경에서는 지면의 제한을 받지 않으므로, 새로운 KCR에서는 저작분담표시가 명확한 공저서의 경우나 단행본으로 발행된 논문집의 경우는, 내용주기에 '저작명(또는 논제) / 저자명'의 형식으로 모두 주기한다. 따라서 OPAC레코드에 내

용정보를 첨가하여, 탐색할 수 있는 필드에서의 내용정보는 큰 효과
를 발휘할 수 있다.3)

　예를 들면 1994년에 '불교시대사'에서 발행한 '韓國佛敎史의 再照
明'은 불교신문사에서 편찬한 것으로 이 저작의 내용은 金煐泰를 비롯
한 35명의 필자에 의해서 분담집필된 것인데 한사람은 세가지 논제, 그
리고 두사람은 두 가지 논제씩 집필하여 논제는 모두 39개이다. 이를
앞에서 말한 기준에 따라 기술하면 다음의 (그림 17)과 같다.

서명저자　韓國佛敎史의 再照明 / 불교신문사 편.
발행사항　서울: 불교시대사, 1994.
형태사항　421 p. ; 23cm.
내용주기　한국불교사 연구의 회고와 전망 / 김영태.
　　　　　한국불교사 시대구분론 / 허흥식.
　　　　　한국불교사 성격론 / 김두진.
　　　　　한국불교사 연구의 기초자료 / 김상현.
　　　　　불교의 전래와 토착화 과정 / 신종원.
　　　　　한국 초기불교의 성격과 사상 / 채인환.
　　　　　삼국불교의 해외 진출과 그 의의 / 장휘옥.
　　　　　원효의 저술과 사상적 경향 / 은정희.
　　　　　신라 유식학의 융성과 발전 / 신현숙.
　　　　　신라 화엄학의 성장과 발전 / 김복순.
　　　　　신라 기층사회와 불교신앙 / 김재경.
　　　　　신라불교의 교단구조와 승관제도 / 채상식.
　　　　　신라 하대의 사회변동과 불교계 / 김상현.
　　　　　발해불교와 그 성격 / 송기호.
　　　　　라말 여초 불교사 연구의 문제점 / 김두진.
　　　　　고려의 불교제도와 그 운용 / 허흥식.
　　　　　고려의 불교종파와 그 변천 / 허흥식.
　　　　　의천의 천태종 개창과 고려불교계의 변화 / 이영자.
　　　　　보조지눌의 저술과 사상적 경향 / 종진.
　　　　　고려초조대장경 및 팔만대장경의 성립과 의의 / 정필모.
　　　　　고려 무신정권시대 불교계의 동향 / 유영숙.

---

3) Bernard G. Sloan. Remote Access: Design Implications for the Online
　Catalog. Cataloging & *Classification Quarterly*, Vol.13, No.3/4, 1991. p. 139.

고려시대 결사운동의 시대적 인식 / 채상식.
원 간섭기 고려불교계의 동향 / 김형우.
고려불교의 의례와 법회의 성격 / 홍윤식.
고려말의 사회변동과 불교계 / 유영숙.
조선시대 초기의 불교정책 / 이재창.
시조조의 흥불정책과 불전온해 / 이봉춘.
조선 초기 유불대립과 승이사태의 배경 / 송석구.
서산의 사상적 경향과 위치 / 신법인.
조선시대 법통설의 재검토 / 종범.
조선시대 사원경제의 추이 / 김갑주.
조선 후기의 선론쟁 / 정성본.
조선 후기 불교의 교학적 경향 / 법산.
근대불교사의 성격과 전개 / 박경훈.
한말 개화기의 불교 / 정광호.
한일합방과 식민지불교 / 김창수.
근대불교의 교육사업 / 남도영.
근대불교의 개혁운동과 그 이념 / 양은용.
해방 후의 불교계와 정화운동 / 지오.

(그림 17) 내용주기의 예시

그리고 이 내용주기는 모두 접근점이 될 수 있도록 표목지시사항에서 표목지시를 해야 한다.

또한, 앞에서 기술하였듯이 온라인 환경에서 이용자에게 적합한 문헌 제공을 위한 한 방법으로, 단일 저자의 단행본에서도 목차주기를 재공해 주는 방법도 고려해 볼 만한 주기내용이다.

Virgil Diodato는 "이용자들이 어떤 도서를 찾기 위해 탐색하는 용어들은 그 도서의 목차나 색인에 포함되어 있는 용어들이다"[4]라고 하였다. 이는 적합한 정보를 얻기 위해서는 목차가 아주 유용하게 쓰인다는 점을 알 수 있는 것이다. 따라서 이 목차주기는 도서 검색 시 브라우징 될 수 있도록 주기사항의 기술순서에서 일반주기

---

4) Virgil Diodato. Tables of Contents and Book Indexes: How Well Do They Match Reader's Descriptions of Books?. *Library Resources & Technical Services*, October/December, 1986. p 411.

다음에 목차주기를 기재하여야 할 것이다. 이를 기술하여 보면 다음의 (그림 18)과 같다.

서명저자	國民倫理 / 韓國國民倫理學會 編.
발행사항	서울: 螢雪出版社 1988.
형태사항	605 p.; 23 cm.
목차주기	국민윤리의 의의와 과제
	인간의 사회와 윤리
	한국의 전통사상
	민주적 생활과 윤리
	경제와 윤리
	민족의 역사적 과제
	이데올로기란 무엇인가
	민주주의의 이론과 실제
	공산주의 교의와 현실
	마르크스주의의 현대적 변용
	북한의 공산주의
	분단극복과 민족의 번영

(그림 18) 온라인 환경에서 목차주기의 예

결과적으로, 서지레코드의 강화는 서지적 효용성을 높이고, 이용자가 원하는 정보자료에 만족도를 높이게 될 것이다.

F. 표목지시사항

온라인 환경에 있어서의 편목규칙에서도 표목지시사항에 대한 합리적인 규정이 필요하다고 판단된다. 그러나 이미 제Ⅳ장에서 밝힌 바와 같이 AACR2R에는 표목지시사항에 대한 규칙이 없고, 다만 KCR3에는 '標目올림指示'라는 별도의 장이 마련되어 있으나 각각의 규정내용에 있어서 몇 가지 불합리한 부분이 있다. 그러므로 새로운

KCR에서는 이를 개선하기 위해서 다음과 같이 규정한다.

1. 기본표목은 서명저자사항의 바로 윗줄에 표기하고 이를 OPAC 화면에도 그대로 표출되게 한다.

2. 부출표목지시사항은 기술사항의 맨 밑에 별도의 한 문단으로 기술하며, 기술 순서는 서지기술사항에 쓰인 순서에 따라 기술하고, 그 다음에 주제명표목과 분류번호표목을 기술한다. 또한 분출이 필요할 경우는 맨 끝에 지시하되, '저자명 - 서명(또는 논제)' 및 '서명(또는 논제) / 저자명' 분출이라는 설명으로 지시한다.

3. 지시된 때 표목 앞에는 아라비아숫자로 일련번호를 매기고 마침표를 찍되 주제표목과 분류번호표목의 앞에는 일련번호 다음에 반쪽 원괄호( ))를 준다.

4. 표목지시에 쓰이는 문자는 동양서의 경우는 모두 한글로 표기하는 것을 원칙으로 하고, 서양서의 경우는 알파벳 문자로 표기하는 것을 원칙으로 한다. 단 목록을 언어나 문자별로 편찬하고자 하는 도서관에서는 표목을 해당 언어나 문자로 표기할 수 있다. 표목지시의 각 요목을 기재하는 형식은 실제의 표목형식과 일치하게 한다.

이상과 같은 서지기술방식을 표준화한다면 훨씬 정교하고 다양한 검색기능을 제공할 것이다.

結 論

　이상에서 우리나라의 편목규칙의 현황과 문제점을 밝히고, 현행 문헌을 통해서 AACR2R과 KCR3 및 MARC에 대한 비판과 전망을 살피며, AACR2R과 KCR3에 대해 온라인. 환경에서의 문제점을 분석한 다음, 이에 대하여 인터넷을 통한 실제의 OPAC에서 상세정보를 출력 비교하고, 현장의 편목 담당자들의 견해와 이용자들의 견해를 설문을 통해서 조사하여 그 타당성 여부를 검증하고 그 구체적인 개선 방안을 제시한 바 그 내용을 요약하면 다음과 같다.

　1. AACR2R과 KCR3 및 MARC는 기본적으로 카드목록의 환경에서 카드생산을 위한 기계가독 편목포맷으로 개발된 것이므로 온라인 환경에는 부합되지 않는다는 것이 증론이다.

　2. Wajenberg, Gorman, Carpenter 등은 온라인 환경에서 AACR2R을 근본적으로 갱신해야 한다고 주장하고 있는 한편, Tucker는 서지기술부에서 약간의 조정이 필요하다는 것이다. 그러나 이들은 AACR2R의 갱신에 대하여 구체적인 사항을 제시하지 않았다.

　3. 온라인 목록에서는 기술항목마다 맨 앞에 기술사항을 표시해 주고, 사항마다 문단을 달리하여 기술하고 있어서 누구나 이해하기가 용이하므로 온라인 목록에서는 ISBD의 구두법 중 마침표·빈칸·붙임표·빈칸(. -)은 불필요하다. 그러나 ISBD의 구두점은 국제적으로 표준화된 것이므로 기타의 구두점은 그대로 사용하되 목록환경에서 사용되는 구두점을 이용자에게 교육시킬 수 있는 방안을 강구하는 것이 바람직하다.

4. 범용성이 있는 약자(예; p., cm)이외의 약자는 이용자에게 혼돈을 주게 됨으로, 온라인 환경에서는 범용성이 없는 약자(예; tr., ill., rev. 등)는 완전철자로 표기해야 한다.

5. 온라인 목록에서는 카드 목록의 경우와는 달리 지면의 제한을 받지 않으므로, 여러 저자에 의한 단행본 공저서의 경우도 그 수에 제한 없이 저자명을 기술사항에 모두 기술한다. 그러나 만약 각 저자의 분담표시가 명확한 경우의 저자표시에서는 첫 저자명 다음에 '등저'로 표시하고 여타의 저자명은 생략하되, 내용주기에서 각 저자명과 논제를 기술하는 것이 합리적이다.

6. 단일저자의 저작도 가능한한 주기사항에 주요한 목차를 기술하여 이용자들이 목록을 통해서 그 저작의 내용을 파악할 수 있도록 해야 한다.

7. 온라인 목록에서는 모든 저자가 검색의 접근점이 될 수 있으므로 모든 공저자에 대해서 '저자명－키워드'(또는 논제)로 복식분출하는 것이 합리적이다.

8. KORMARC포맷에는 100의 자리에 기본표목이 지정되어 있는데, KOLAS에서만 "검색어"라는 일종의 표목어를 제시했을 뿐, 기타의 모든 OPAC프로그램에는 기본표목의 자리가 마련되어 있지 않다. 기본표목은 도서기호의 대상이 되고, 동시에 분류번호와 함께 자료의 서가배열의 기준이 되기 때문에, USMARC에서와 같이 온라인 환경에서는 OPAC의 상세정보화면의 상단 첫머리에 기본표목이 표출되는 것이 바람직하다.

9. 이용자들이 목록을 검색하여 도서의 대출여부를 결정하고 나서 청구번호 등을 확인하고, 도서 대출을 신청하게 됨으로 온라인 환경에서는 OPAC의 상세정보화면에 청구기호와 대출정보를 후미에 기재하는 방식이 보다 유용하다.

10. 이용자들은 이제 네트워크를 통해서 어느 도서관의 장서에도 접근이 가능하게 되었으므로 OPAC에 접근하는 이용자들에게 혼돈

을 주지 않기 위해서는 서지기술사항 이외에 OPAC화면에 나타나는 사항(Area)명과 출력형식의 표준화도 절실히 요구된다.

이상에서 제시한 갱신 사항들은 Tucker가 예견한 바와 같이 소폭의 조정으로서 Gorman 등이 주장하는 대폭적인 개정을 피할 수 있다고 판단된다.

또한, 이상에서 제시한 사항을 수용하여 한국편목규칙을 새로 편찬한다면 국제 표준화 시대의 온라인 목록에 부합되는 합리적인 편목규칙이 성립될 수 있을 것이다.

參 考 文 獻

A. 基本資料

국립중앙도서관. 한국문헌자동화목록형식-단행본용-. 서울, 국립중앙도서관, 1993. p. 271.

한국도서관협회. 한국목록규칙 3판(기술. 표목올림지서면). 서울, 한국도서관협회 1983. p. 101.

한국정보관리학회. 한국문헌자동화목록법(KORMARC)에 관한 연구-단행본용 기술규칙. 서울, 국립중앙도서관. 1991, p. 159.

Gorman, Michael and Winkler, Paul W. *Anglo-American Cataloging Rules*. Second edition. Chicago, American Library Association, 1978. p. 620.

Gorman, Michael and Winkler, Paul W. *Anglo-American Cataloging Rules*. Second edition revision. Chicago, American Library Association, 1988., p. 677.

B. 參考文獻

남태우. 目錄法 理論에 대한 研究. 情報管理學會誌. 제14권 제1호, 1997년 6월. pp. 223~254.

사공복회. 대학도서관 온라인 열람목록의 이용형태에 관한 연구. 연세대학

교대학원, 1994. p. 270 (박사학위논문)

오동근. 編目規則과 MARC포맷에 있어서 東洋資料의 書誌的 記述에 관한 比較分析. 중앙대 학교대학원, 1991. p. 181.(박사학위논문)

鄭馹謨. 目錄組織論. 改訂增補版. 서울, 九美貿易出版部, 1993. p. 196.

鄭馹謨. 온라인 환경에서의 편목법. 圖書館學論集, 제25집. 1996. pp. 3-10.

桂啓壯. OPACの變容: 歐米の動向を中心にして, 現代の圖書館, Vol.33, No.4, 1995. pp. 264~273.

小林眞理. イギリスの大學圖書館におけるOPAC, 情報の科學と技術, 第41卷 第6號 1991. p. 490.

Attig, John C. Descriptive Cataloging Rules and Machine-Readable Record Structure: some directions for farallel development. in *The Conceptual Foundations of Descriptive Cataloging*, edited by Elaine Suenonius. Phoenix,

Ariz., Oryx Press, 1989. pp. 135~148.

Ayres, F.H. Duplicates and Other Manifestations: A New Approach to the Presentation of Biblographic Information. *Journal of Librarianship* Vol.22(4). 1990. pp. 236~251.

Baker, Betsy. A New Direction for Online Catalog Instruction. *Information Technology and Libraries*, Vol.5, No.1, 1986. pp. 35~41.

Boll, John J. The Future of AACR2. *Cataloging & Classification Quarterly* Vol.12(1). 1990. pp. 3~34.

Bourne, Ross. MARC: Strait-jacket or Opportunity. in *AACR, DDC, MARC and Friend: Role of CIG in Bibliographic Control*, edited by John Byford, Keith V. Trickey and Susi Woodhouse. London, Library Association, 1993. pp. 77~88.

Brunt, Rodney M. The Code and the Catalogue: A Return to Compatibility. *Library Review* Vol.41(3). 1992. pp. 21~32.

Carpenter, Michael. Does Cataloging Theory Rest on a Mistake? in *Origins, Content, and Future of AACR2 Revised*, edited by Richard P. Smiraglia. Chicago, American Library Association, 1992. pp. 95~102.

Carpenter, Michael. The Narrow, Rugged, Uninteresting Path Finally

Becomes Interesting: A Review of Work in Descriptive Calaloging in 1991 with Trail Marks for Further Research. *Library Resources & Technical Services*, Vol.36, No.3, 1992. pp. 291~315.

Delsey, Tom Standards for Descrptive Cataloging: Two perspectives on the past twenty years. in *The Conceptual Foundations of Descriptive Cataloging*, edited by Elaine Svenonius. San Diego, Academic Press, 1989. pp. 51~60.

Fattahi, Rahmatollah. Anglo-American Cataloguing Rules in the Online Environment: A Literature Review. *Cataloging & Classification Quarterly*, Vol.20, No.2, 1995. pp. 25~50.

Fawcett, Trevor. Anglo-American Cataloguing Rules, 2nd ed.: a review article. *Art Libraries Journal Summer*, 1979. pp. 23~30.

Gorman, Michael. Yesterday's heresy, Today's orthodoxy: An Essay on the changing Face of Descriptive Cataloging. *College and Research Libraries*, Vol.50, No.6, 1989. pp. 626~634.

Gorman, Michael. Searching for the Green Light: The Anglo-Amercan Cataloguing Rules in an Electronic Environment. *Cataloguing Australia*, Vol.17(3/4). 1991. pp. 31~36.

Gorman, Michael. and associates. *Technical Services Today and Tomorrow*. Englewood, Colo., Libraries Unlimited, 1990.

Gorman, Michael. *The Concise AACR2, 1988 revision*. Chicago, American Library Association, 1989. p. 161.

Hagler, Ronald. The Consequences of Integration. in *The Conceptual Foundations of Descriptive Cataloging*, edited by Elaine Svenonius. San Diego, Academic Press, 1989. pp. 197~218.

Hunter, Eric J. Examples *Illustrating AACR2, 1988 revision*. London, The Library Association, 1989. p. 235.

Intner, Sheila S. The Case for AACR3. *Technicalities*, Vol.8(4). 1988. pp. 6~8.

Jeong Pil-mo and Oh Dong-geun. On the processing of Kwanching in the title of the East-Asian materials. *Cataloging & Classification*

Quarterly, Vol.12, No.2, 1990. pp. 83~104.

Jeffreys, Alan. AACR after 1978. in *AACR, DDC, MARC and Friends: Role of CIG in Bibliographic Control, edited* by John Byford, Keith V. Trickey and Susi Woodhouse. London, Library Association, 1993. pp. 49~60.

LeBlanc, James D. Cataloging in the 1990s: Managing the Crisis (Mentality). *Library Resources & Technical Services*, Vol.37, No.4, 1993. pp. 423~433.

Maxwell, Margaret F. Handbook for *AACR2 1988 Revision: Explaining and Illustrating the Anglo-American Cataloging Rules*. Chicago, American Library Association, 1989.

Millsap, Larry and Ferl, Terry Ellen, *Descriptive cataloging for the AACR2R and USMARC: a how-to-do-it workbook*. New York, Neal-Schuman Publishers, c1991.

Oberman, C. Avoiding the Cereal Syndrome: or, Critical Thinking in the Electronic Environment. *Library Trends*, Vol.39, No.3, 1991. pp. 189~202.

Piggott, Mary. *The Cataloguer's way through AACR2: form document receipt to document retrieval*. London, The Library Association, 1990.

Richmond, Phyllis A. The AACR, Second Edition, What Next? in *The Nature and Future of the Catalog*. edited by Maurice J. Freedman and S. Michael Malinconico. Phoenix, Oryx Press, 1979. p. 190.

Rowley, J.E. Towards AACR3: A review of the Implications of OPACs for Cataloguing Codes and Practices. *Library Review*, Vol.38(3), 1989. pp. 7~18.

Saye, Jerry D. and Vellucci, Sherry L. *Notes in the catalog record: based on AACR2 and LC rule interpretations*. Chicago, American Library Association, 1989.

Schmierer, Helen F. The Impact of Technology on Cataloging Rules. in *The Conceptual Foundations of Descriptive Cataloging*, edited by

Elaine Svenonius. San Diego, Academic Press, 1989. pp. 101-116.

Smiraglia, Richard P. *Origins, Content, and Future of AACR2 Revised.* Chicago, American Library Association, 1992.

Svenonius, Elaine. *The Conceptual Foundations of Descriptive Cataloging*, San Diego, Academic Press, Inc., 1989. p. 241.

Tillitt, Barbara. Future cataloging rules and catalog recards, in *Origins, Content, and Future of AACR2 revised*, edited by R.P. Smiraglia. Chicago, American Library Association, 1992.

Tucker, Ben R. AACR2: Implementation and Interpretation of 1988 Revision, in *Origins, Content, and Future of AACR2 revised*, edited by Richard P. Smiraglia. Chicago, American Library Association. 1992, pp. 39~42.

Tyckoson, David A. The Twenty-First Century Limited: Designing Catalogs for the Next Century. *Library Resources & Technical Service*, Vol.35, No., 1991. pp. 3~28.

Wajenberg, Arnold S. The Future of Cataloging Standards. *Illinois Libraries*, Vol.72(6), 1990. pp. 494~497.

Weihs, Jean R. and Howarth, Lynne. *A Brief Guide to AACR2 1988 Revision and Implications for Automated Systems.* Ottawa, Canadian Library Association, 1988.

Winke, R. Conrad. Discarding the Main Entry in an Online Cataloging Environment. *Cataloging & Classification Quarterly*, Vol.16(1), 1993. pp. 53~70.

SUMMARY

A Study on the Description of the KCR
in Onine Environment

Myoung-gyu Lee

The purpose of this study is to provide the basic materials to develop rational Cataloging Rules in the Online environment. To accomplish this purpose, the present condition and problems of KCR were investigated, criticisms and views of AACR2R, KCR3 and MARC were probed through the Iiterature. In addition, problems of AACR2R and KCR3 in the Online environment were analyzed, detailed information of OPAC was compared through Internet, cataloger and user's views were surveyed through questionnaires. The summary of thes study is as follows:

1. AACR2R, KCR3 and MARC are not basically suitable for the OPAC environment because of the development of machine-readable cataloging formats of product cards in a card catalog environment.

2. Wajenberg, Gorman, Carpenter etc. insist that AACR2R should be adjusted basically to all parts of the OPAC environment, but Tucker insists that AACR2R should need some adjustment.

3. Each description area was described in the topmost line per

description area, so anyone can easily understnd the description area in OPAC. Since the punctuation of ISBD in internationally standardized, it should be used and it is desirable to educate users in the effective use of this punctuation.

4. The abbreviations confuse users, so an abbreviated word in current use must be spelled fully in OPAC.

5. It is rational that the call number should be described later in OPAC.

6. Unlike a card catalog, OPAC is not a limited space, so joint author names should be described in the OPAC title and statement of responsibility area.

7. The user must be able to understand the contents of the work through OPAC and the work should be described in the note area of OPAC

8. It is desirable to make multi-added entries (author-keyword or title) for all collaborations, because all authors should be an access point for retrieval in OPAC.

9. Unify the area name lest the user confuse the area name. Therefore, each system must use the Koreanized term of each area according to KORMARC descriptive rules.

As mentioned above, if we make a new KCR. the rational cataloging rules should correspond to OPAC in the interests of international standardization.

부록

< 질 문 지 >

안녕하십니까?

저는 "온라인 환경에서의 한국편목규칙을 위한 연구"라는 논제로 연구를 진행하고 있습니다. 오늘날, 많은 도서관에서는 컴퓨터를 이용하여 자료를 검색하는 환경, 즉 온라인목록(OPAC)으로 검색도구가 바뀌어 있습니다. 따라서 온라인목록에 나타나는 서지적 데이터의 기술요소 및 방법의 변화가 필요합니다.

그러므로, 온라인목록의 이용자로서 여러분의 도움이 절대적으로 필요하오니 참여를 부탁드립니다.

1997년 10월

중앙대학교 대학원 문헌정보학과
조사자: 이 명 규

---

* 귀하의 개인적 배경에 관한 것입니다. 기재하여 주십시오.

소속(학과)

학년

* 해당되는 곳에 √표를 하여주십시오.

1. 도서관에서 컴퓨터를 사용하여 자료를 검색하여 본 적이 있습니까?

    ① 자주 이용한다_____   ② 가끔 이용한다_____

    ③ 1-2회 이용한 적이 있다_____   ④ 이용해 본 적이 없다_____

* (2-6)다음은 온라인 목록의 상세정보에 대한 출력화면입니다. 화변의 각 사항을 보고 질문에 답하여 주십시오.

서명저자 Robert Browing's poetry / edited by James F. Loucks.

판 사 항 Norton Critical ed.

발행사항 N.J.; London: W.W. Norton & Co., Inc., c1979.

형태사항 604 p.: col. ill. ; 21 cm. + cassette 2.

서지주기 Includes Index.

I S B N 0-393-09092-2

청구기호 821.8 B885r

---

2. 위의 화면에서 쓰고 있는 약어의 의미를 알고 있으면 기재하여 주십시오.

    ① ed. _____

    ② ill. _____

    ③ col. _____

    ④ p. _____

    ⑤ cm. _____

    ⑥ N.J. _____

    ⑦ Co. _____

    ⑧ ISBN_____

3. 위의 화면에서 발행사항과 형태사항에 나타난 구두점(목록에서만 사용되는 :, ; +)의 의미에 대해서 알고 있습니까?

    ① 모두 알고 있다_____   ② :과 ;은 알고 있다_____

    ③ +는 알고 있다_____   ④ 모두 모른다_____

4. (위의 3번에서 ① ② ③에 답한 경우만 해당), 검색된 자료의 내용을 이해하는데 도움이 됩니까?

   ① 많은 도움이 된다_____   ② 약간 도움이 된다_____

   ③ 전혀 도움이 되지 않는다_____

5. (위의 3번에서 ④에 답한 경우만 해당), 검색된 자료의 내용을 이해하는데 불편합니까?

   ① 많이 불편하다_____   ② 약간 불편하다_____

   ③ 전혀 불편하지 않다_____

* (6) 다음은 다수의 저자가 한권의 책을 발행한 서명저자사항입니다. 이 도서를 '서명 / 저자'로 기재하였습니다. 양화면을 비교하고 질문에 답하여 주십시오.

A. 대표저자 1인만 기재한 경우

서명저자사항	建築計劃各論 / 金正秀 [外]著.

B. 공저자를 모두 기재한 경우

서명저자사항	建築計劃各論 / 金正秀, 金熙春, 劉熙俊, 尹道根, 李廷德 共著.

6. 위의 화면에서, 저자에 관한 정보를 얻는데 더욱 도움이 되는 화면은?

   ① A. 대표저자 1인만 기재한 경우_____

   ② B. 공저자를 모두 기재한 경우_____

* (7) 다음의 화면을 비교하고 질문에 답하여 주십시오.

A. 청구기호가 상단에 있는 경우   B. 청구기호가 하단에 있는 경우

청구기호 367.5076-정164ㅁ 서명/저자 (客觀式)民事訴訟法 / 　　　　鄭基敦; 宋喜燮 [共]編著 판사항 第4版 발행사항 서울: 三英社, 1992 형태사항 476p.; 23cm 일반주기 권말에 "종합문제" 수록

서명/저자 (客觀式)民事訴訟法 / 　　　　鄭基敦; 喜燮 [共]編著 판사항 第4版 발행사항 서울: 三英社, 1992 형태사항 476p.; 23cm 일반주기 권말에 "종합문제" 수록 청구기호 367.5076-정164ㅁ

7. 이용자가 적합한 문헌으로 판단하여 서가에서 직접 찾거나 대출하고
자 할 때 청구기호가 필요합니다. 이럴 경우, 위의 화면에서 어떤 화
면이 이용자에게 도움이 되겠습니까?

① A. 청구기호가 상단에 있을 경우_____
② B. 청구기호가 하단에 있을 경우_____

* (8) 다음은 도서의 목차까지 기술하고 있는 화면과 목차를 생략
한 화면입니다. 양화면을 비교하고 질문에 답하여 주십시오.

A. 목차를 기술한 경우   B. 목자를 기술 하지 않는 경우

서명저자	國民倫理 /
	韓國國民倫理學會 編.
발행사항	서울: 螢雪出版社, 1988.
형태사항	605 p.; 23 cm.
목차주기	국민윤리의 의의와 과제
	인간의 사회와 윤리
	한국의 전통사상
	민주적 생활과 윤리
	경제와 윤리
	민족의 역사적 과제
	이데올로기란 무엇인가
	민주주의의 이론과 실제
	공산주의 교의와 현실
	마르크스주의의 현대적 변용
	북한의 공산주의
	분단극복과 민족의 번영

서명저자	國民倫理 /
	韓國國民倫理學會 編.
발행사항	서울: 螢雪出版社, 1988.
형태사항	605 p.; 23 cm.
목차주기	생략

8. 위의 화면에서, 적합한 문헌을 찾는 데 도움이 되는 화면은?

① A 목차를 기술하고 있는 경우_____

② B 목차를 기술하고 있지 않는 경우_____

《중앙대학교. 1998. 2 박사학위논문》

• 鄭駬謨教授指導 博士學位 論文 13 •

온라인 환경에서의 한국편목규칙 기술부에 관한 연구

● 초판인쇄	2005년 1월 10일
● 초판발행	2005년 1월 15일
● 지 은 이	이명규
● 펴 낸 이	채종준
● 펴 낸 곳	한국학술정보(주)
	경기도 파주시 교하읍 문발리 파주출판정보산업단지 526-2
	전화 031) 908-3181(대표)·팩스 031) 908-3189
	홈페이지 http://www.kstudy.com
	e-mail (e-Book 사업부) ebook@kstudy.com
● 등 록	제일산-115호(2000. 6. 19)
● 가 격	8,000원

ISBN   89-534-2226-4 94020 (Paper book)
        89-534-2227-2 98020 (e-book)
        89-534-2200-0 94020 (Paper set)
        89-534-2201-9 98020 (e-book set)